Taschenbücher für die Wirtschaft
Band 80

Erfolg mit Emotionen

Hoffnung und Angst im Management

von

Dr. Susanne Dietz

Köln

Mit 30 Abbildungen und Tabellen

I. H. Sauer-Verlag GmbH
Heidelberg

Die Deutsche Bibliothek – CIP-Einheitsaufnahme

Dietz, Susanne:
Erfolg mit Emotionen / Susanne Dietz. – Heidelberg : Sauer, 2001
(Taschenbücher für die Wirtschaft ; Bd. 80)
ISBN 3-7938-7261-0

ISBN 3-7938-7261-0

Satzkonvertierung: Lichtsatz Michael Glaese GmbH, 69502 Hemsbach

Druck und Verarbeitung: Wilhelm & Adam, Werbe- und Verlagsdruck GmbH, 63150 Heusenstamm

Umschlagentwurf: Konrad Peter Zug, 69488 Birkenau

♾ Gedruckt auf säurefreiem, alterungsbeständigem Papier, hergestellt aus chlorfrei gebleichtem Zellstoff (TCF-Norm)

Printed in Germany

Vorwort

„Es gibt zwei elementare Energiequellen, die ein Unternehmen motivieren können: Furcht und Hoffnung. Negative Visionen schöpfen ihre Kraft aus der Furcht. Positive Visionen werden von der Kraft der Hoffnung getragen. Furcht kann kurzfristig außergewöhnliche Veränderungen bewirken, aber Hoffnung ist eine dauerhafte Quelle für Lernen und Wachstum."

(Peter M. Senge, 1999, S. 275)

Das Thema „Emotionen im unternehmerischen Kontext" ist momentan in aller Munde. Dies durchaus zu Recht: denn letztlich generiert eine am Human Capital orientierte Unternehmenskultur immer ein besseres Betriebsergebnis.

Das Anliegen des Buches, das Sie nun gerade aufgeschlagen haben, ist es zum einen, Ihnen ausgewählte psychologische Grundlagen der Emotionsthematik nahe zu bringen. Innerhalb der ersten drei Kapitel wird daher den Emotionen auf den Zahn gefühlt. Allgemeine Grundlagen finden sich in Kapitel 1. Darüber hinaus werden Hoffnung und Angst eingehender betrachtet (Kap. 2 und 3). Und in den folgenden Kapiteln werden die bereit gestellten Grundlagen auf für Sie als Manager und Mitarbeiter relevante Themen übertragen (Kap. 4 bis 9).

Die Grundlagen sind wissenschaftliche Theorien. Und es ist nur verständlich, wenn bei einigen von Ihnen schon jetzt „die Klappe runter geht". Betrachten wir daher Theorien mal als das, was sie *nicht* sind: Dogmen. Sie sind nicht zwangsläufig Wahrheit und Gesetz. Aber sie sind, wenn wir es zulassen, hilfreiche und anregende Gedanken von kompetenten Menschen, die sich dem jeweiligen Thema verschrieben haben und die uns an diesen Gedanken und Forschungen teilhaben lassen. Was wir im beruflichen Kontext daraus machen, liegt weitgehend an uns selbst. Nehmen Sie daher die ersten drei Kapitel als Gehirnfutter und folgen Sie den anderen Kapiteln auf ihrem Weg durch die Unternehmenspraxis.

Als Unternehmensberaterin (www.dietz-trainings.com) habe ich letztlich immer mit Emotionen zu tun. Ich kenne keinen Mitarbeiter und keine Führungskraft, denen nicht implizit klar ist, welch wichtige Rolle Emotionen „*on the job*“ spielen. Wenn dennoch gelegentlich betont wird, dass das Heil in der „Ratio“ liegt, so zeigt mir dies, dass das sich Einlassen auf diese Thematik mit folgender Befürchtung verbunden ist:

Emotionen sind gefährlich, weil angenommen wird, dass sie unser logisches, strukturiertes Auftreten – und damit die Betonung unserer Effizienz – konterkarieren. Dahinter liegt das Missverständnis, dass emotionales Verhalten immer etwas „Unkontrollierbares und Übersensibles“ mit sich bringt und als Schwäche ausgelegt werden kann. Also lassen wir doch besser die Finger davon. Genau das können wir aber nicht, weil kein Mensch zu irgendeinem Zeitpunkt seines Lebens ohne Gefühlserleben ist.

Daniel Golemans Annahme, dass Emotionalität etwas ist, was wir per se besitzen und was wir intelligent zu nutzen in der Lage sind, stimme ich völlig zu. Darüber hinaus bin ich *Antonio Damasio* dankbar, der uns zeigt, dass Fühlen und Denken zwei Seiten ein und derselben Medaille sind. Warum das so ist, werde ich Ihnen auf den folgenden Seiten nahe bringen. Es sei schon hier betont, dass rationales Denken und angemessenes Verhalten *immer* vom Zusammenspiel zwischen Fühlen und Denken abhängt – und damit auch unsere Motivation und mithin unser beruflicher Erfolg.

Jedenfalls können wir uns nicht damit zufrieden geben, von „Sozialkompetenz“, „Empfindung“, „Emotion“, „Stimmung“ und vielem anderen, oberflächlich und unpräzise zu sprechen. Wenn wir das tun, gleiten uns die Begriffe wie nasse Seife durch die Hände und wir können nichts Konkretes auf unseren beruflichen Alltag beziehen, geschweige denn lernen.

Köln, im Oktober 2001

Susanne Dietz

Inhaltsverzeichnis

1. Emotionen

Emotionen sind ein uns jederzeit begleitendes Phänomen. Wir empfinden etwas für andere Menschen, wir hoffen auf irgendetwas, wir befürchten das eine oder das andere, wir sind in dieser oder jener Stimmung, wir sind wütend, stolz, erfreut, dankbar, neidisch, verliebt, gut oder schlecht aufgelegt und so weiter und so fort.

Emotionen machen uns das Leben leichter aber gelegentlich auch schwerer. Schließlich empfinden wir vor und in besonders bedeutsamen Situationen, wo wir unbedingt „tadellos funktionieren" müssen, besonders intensiv. Dies stört uns geradezu, wenn es sich um negative Emotionen handelt und wir tendieren dazu, uns und unserer Umwelt einzureden, dass wir natürlich *kein* Lampenfieber und schon *gar* keine Angst vor der Präsentation des neu entwickelten Produktes, dem bevorstehenden Konfliktgespräch mit dem Chef, der neuen Stelle mit all ihren Verantwortlichkeiten, et cetera, haben. Nun ja, ein bisschen nervös sind wir schon. Aber selbst das können oder wollen wir in einer weitgehend auf Leistung und Erfolg ausgerichteten Gesellschaft oft nicht zugeben.

Da wir nun aber zu keinem Zeitpunkt unseres Lebens ohne Emotionen sind, sollten wir uns fragen, was diese eigentlich sind und wozu sie wohl gut sind. Nehmen wir beispielsweise die Emotion Angst. Einerseits kann uns starke Angst lähmen und wir können keinen klaren Gedanken fassen, der uns dabei hilft, das vermeintlich Richtige zu tun, andererseits können Ängste Leben retten. Denn es gäbe uns heute sicherlich nicht, hätten unsere Vorfahren nicht angstvoll auf das hungrige Grollen des Säbelzahntigers reagiert und wären so schnell sie nur konnten, in die entgegengesetzte Richtung gerannt.

Leider ist es uns heute nicht immer möglich, aus einer ängstigenden Situation zu fliehen. Das bevorstehende Konfliktgespräch mit dem Chef zu vermeiden, würde möglicherweise langfristig bedeuten, den Job zu verlieren, mindestens aber, eine gehörige Portion Unverständnis zu ernten. Und so stellen wir uns immer wieder subjektiv bedrohlichen Situationen, um weiterhin existentiell gesichert und gesellschaftlich akzeptiert zu sein.

Ein weiteres Problem besteht darin, dass jeder Mensch eine eigene „emotionale Lerngeschichte" hat, aus der unterschiedliche emotionale Grundhaltungen erwachsen: Der eine hat eher Flugangst, der andere nicht, dafür wird dieser nervös, wenn er sich in einem Aufzug befindet. Der Dritte hat mit beiden Situationen nichts am Hut, aber er fühlt sich unwohl, wenn er einen Vortrag halten muss, oder überhaupt in einer Gruppendiskussion das Wort ergreifen soll. Wieder ein anderer meidet Konfliktgespräche, vielleicht weil er befürchtet, dass die Wahrheit, die ans Licht kommt, seine Hoffnung auf eine harmonische Zusammenarbeit endgültig zunichte machen könnte.

Emotionen haben also in unserem Alltag gelegentlich etwas Störendes an sich, und alles, was unsere Effizienz beeinflusst, besonders die negativen Emotionen, sollen daher im alltäglichen beruflichen Gespräch möglichst wenig mit einfließen. Denn Störungen der eigenen Effizienz setzen wir implizit gleich mit Schwäche, und wir wurden nicht eingestellt, um ineffizient zu sein. Diese Einstellung ist zu überdenken.

Wir sind alle Experten auf dem Gebiet der Emotionen. Es gilt daher in den ersten drei Kapiteln, unser implizites Wissen hervor zu holen, in Worte zu fassen und zu ordnen. Aber allein die Frage „Was sind Emotionen?" ist schwer zu beantworten. Versuchen Sie es mal.

1.1 Emotionspsychologie allgemein

Die Psychologie befasst sich seit jeher insgesamt mit der Frage: „Warum verhalten wir uns, wie wir uns verhalten?"

Der immense Anteil der Emotionen an unserem Verhalten ist nicht nur den Psychologen, sondern auch uns „Laien“ instinktiv bewusst. Denn in o.g. Frage ist eine weitere enthalten: „Was motiviert uns, etwas zu tun oder zu unterlassen?“

Emotionen beeinflussen ganz offensichtlich unser Verhalten insgesamt. Und das bedeutet, sie sind untrennbar verbunden mit unserer Motivation und damit unserem Tun und also auch mit den Ergebnissen unseres Tuns, der Leistung. Darüber hinaus beeinflussen Emotionen unser Denken, auch Kognition genannt.

Was besagen nun die drei Begriffe Kognition, Motivation, Emotion? Da wir sie immer wieder benötigen werden, sind sie vorab zu klären:

Kognition

Dies ist ein Sammelbegriff für „alle Vorgänge des Erwerbs, der Organisation, der Speicherung und des Gebrauchs von Wissen. Diese Vorgänge umfassen also auch Denken, Urteilen, Verstehen, Gedächtnis und Erinnerung“ (vgl. Ulich, 1989, S. 19). Wissen umfasst dabei nicht nur unser Tatsachenwissen, sondern auch unsere Überzeugungen, Vermutungen, Vorstellungen, Wünsche und Wertungen (ebd).

Motivation

„Der Prozess der Motivation ist die Umsetzung von Bedürfnissen, Zielsetzungen und Erwartungen in bestimmte Handlungsimpulse, Handlungspläne und Handlungen.“ (Ulich, 1989, S.20). Wenn wir nach Motiven für unser Tun fragen, so tun wir das durch die Frage „warum“ oder „wozu“.

Es wird zwischen intrinsischer und extrinsischer Motivation unterschieden:

Intrinsische Motivation

Man setzt sich mit etwas auseinander, weil einen der Gegenstand interessiert und die Beschäftigung mit ihm Freude bereitet. Die Motivation liegt also in der Person selbst.

Extrinsische Motivation

Extrinsisch motiviert ist man dann, wenn man eine Handlung um ihrer Folgen willen anstrebt, also z.B. wegen positiver Reaktionen aus der Umwelt, Karrierevorteile, Sicherheit. Die Motivation hat ihre Ursachen außerhalb der Person, in der Umwelt.

Den Begriff *Emotion* zu definieren, ist eine andere, äußerst knifflige Sache. Bis zum heutigen Tage gibt es keine allgemein anerkannte Definition innerhalb der Psychologie. Wohl gibt es verschiedene Ansätze, die unterschiedliche Facetten des Begriffes beleuchten. Die Autoren *Kleinginna* und *Kleinginna* fanden bereits 1981 zweiundneunzig Definitionen, die sich nach zehn Kategorien einteilen ließen (vgl. Schmidt-Atzert, 1996, S. 19):

Tab. 1: Einteilung von Emotionsdefinitionen nach Kleinginna und Kleinginna (1981)

Kategorie	Beispiel für eine Definition
Affektiv	…ein Zustand, in dem das Individuum Gefühle erlebt.
Physiologisch	…Verhalten, primär durch körperinnere Reaktionen beeinflusst.
Kognitiv	…schließen Bewertungen ein.
Ausdruck	…Emotionen und ihr Ausdruck bilden eine Einheit.
Multiple Aspekte	…komplexes Konzept mit neurophysiologischen, muskulären und phänomenologischen Aspekten.

Motivational	…motivationale Zustände.
Externe Reize	…Emotionen werden allgemein durch externe Reize ausgelöst.
Abgrenzend	…primär Gefühlszustand, während Motivation…
Adaptiv	…Signal, das den Organismus … vorbereitet.
Disruptiv	…führt zur Unterbrechung der üblichen Verhaltensmuster.

Wenn wir uns also um eine Definition des Begriffes Emotion bemühen, so wird spätestens hier deutlich, wie schillernd und vielfältig er ist. Von *Carlson* und *Hatfield* (1992) stammt die Bemerkung, dass Psychologen dazu tendieren, in ihrer Definition die Aspekte zu betonen, die für sie von besonderem Interesse sind. Diesbezüglich sind sie mit Blinden zu vergleichen, die einen Elefanten anfassen und so berichten, was ein Elefant ist. Je nachdem, wo sie das Tier berühren, kommen sie zu unterschiedlichen Feststellungen. *Wenger, Jones* und *Jones* (1962) waren noch deutlicher: *„Emotion ist ein seltsames Wort. Fast jeder denkt, er versteht, was es bedeutet, bis er versucht, es zu definieren. Dann behauptet praktisch niemand mehr, es zu verstehen.“*

Insgesamt wurden Emotionen als zentrales Moment menschlichen Handelns natürlich dennoch erforscht. Und nicht zu knapp. *Schmidt-Atzert* (1996, S. 11) berichtet, dass allein im Zeitraum von 1974 bis März 1994 ca. dreizehntausend Zeitschriftenartikel bei einer Recherche in der Datenbank „PsychLit“ herauskamen. Davon dürften m.E. mehr als ein Drittel der Emotionen Angst zuzuschreiben sein. Angst ist seit jeher die am besten erforschte Emotion. Alle anderen Emotionen wurden dagegen eher stiefmütterlich behandelt.

1.2 Ein kurzer Streifzug durch die Emotionspsychologie

Um einen kleinen Überblick über die Entstehung und Entwicklung der Emotionsthematik zu bekommen, ist es sinnvoll, einige Eckpfeiler des riesigen Gebäudes „Emotionspsychologie“ zu betrachten und das zusammen zu tragen, was hilfreich ist, um zu einer brauchbaren Arbeitsdefinition des Begriffes „Emotion“ zu gelangen. Dabei muss man allerdings behutsam vorgehen, denn gerade Emotionstheorien sind eine schwierige Angelegenheit. Sie haben den Schönheitsfehler, dass sie sehr schwer beweisbar sind. Sobald zur Überprüfung einer Hypothese empirische Daten erhoben wurden, fielen diese allzu häufig widersprüchlich aus.

1890 schrieb *William James* zum Thema Emotionen: *„My theory…is, that the bodily changes follow directly the perceptions of the exciting fact, and that our feeling of the same changes as they occur IS the emotion.“* Die körperlichen Veränderungen, die auf eine Reizwahrnehmung folgen, werden als die Emotion wahrgenommen. Unabhängig von *James* kam zur selben Zeit der Däne *Carl Lange* auf dieselbe Idee. Emotionen sind für beide Autoren also die Folge von körperlichen Veränderungen, und so postulierten sie: „Wir weinen nicht, weil wir traurig sind, sondern wir sind traurig, weil wir weinen.“

1962 haben *Schachter* und *Singer* den Erregungszustand von Personen mit Adrenalin verändert. Auch hierbei wurde das subjektive Erleben und das Ausdrucksverhalten beobachtet. Sie kamen – kurz gesagt – zu dem Schluss, dass die Intensität der Emotion von der Art und Stärke der körperlichen Veränderungen abhängt, die Emotions*qualität* – also welche Emotionen wir empfinden – dagegen von den wahrgenommenen Auslösern abhängt.

1.2.1 STATE und TRAIT

Die Kognitionspsychologen fragten seit den 60er Jahren nach den psychischen Vorgängen in uns, die zwischen einem äußeren Umweltreiz und unserer Reaktion darauf ablaufen. Schließlich handeln wir nicht einfach „aus dem hohlen Bauch" heraus. Kognitive Theorien nehmen daher eine komplexere Ereignisabfolge im Lernen und Verhalten an. Sie gehen davon aus, dass das menschliche Bewusstsein (= Kognition), also die in der *black-box* Gehirn stattfindenden mentalen Vorgänge, die zentrale Rolle spielen. So entstanden ineinandergreifende, sich gegenseitig ergänzende Theorien, die bis heute für die Emotionsthematik diskutiert werden.

C. D. Spielberger (1966, 1975, in: Krohne, 1980, S. 17), einer der ganz frühen Kognitionspsychologen, differenziert zwischen aktueller, situativer Angst, A-STATE und Angst als Wesenszug, A-TRAIT:

STATE	TRAIT
„A-STATE wird als vorübergehender emotionaler Zustand einer Person beschrieben, dessen Intensität intraindividuell (innerhalb ein und derselben Person) variieren kann."	„A-TRAIT bezieht sich auf die intraindividuell vergleichsweise stabile, aber interindividuell (= zwischen Personen) variierende Tendenz, einen bestimmten Stimulusbereich als bedrohlich zu bewerten und hierauf mit erhöhtem A-STATE zu reagieren." (vgl. Krohne, 1980, S.17)

Diese Unterscheidung ist ohne Weiteres auf die Emotionsthematik insgesamt zu übertragen. Es leuchtet intuitiv ein, dass wir Emotionen kurzzeitig empfinden können, aber auch langfristig ein eher ängstlicher oder hoffender oder liebevoller Mensch sind. Wenn wir beispielsweise ein eher TRAIT-ängstlicher Mensch sind, so ist damit die Wahrscheinlichkeit, mit erhöhter STATE-Angst in den entsprechenden, subjektiv bedrohlichen Situationen zu reagieren, größer. Dasselbe sollte für Hoffnung, Liebe und einige andere Emotionen gelten.

Das unterstreicht den Gedanken, dass wir zu keinem Zeitpunkt unseres Lebens ohne Gefühle sind. Letztlich ist jeder zumindest „gut" oder „schlecht drauf", „mit dem linken Fuß zuerst aufgestanden", oder „hat ein sonniges Gemüt". Letzterer scheint zur Gattung „wahrer Optimist" zu gehören und die Auftretenswahrscheinlichkeit positiver Emotionen ist bei ihm sicherlich höher als beim Pessimisten. Wie es auch immer sei, wir befinden uns immerzu in dieser oder jener Grundstimmung.

1.2.2 WORRY und EMOTIONALITY

Ein weiterer kognitionspsychologischer Gedanke ist für die Annäherung an unser Thema von zentraler Bedeutung. Auch er entspringt der Angstpsychologie, ist aber auf Emotionen im Allgemeinen gut übertragbar: *R. M. Liebert* und *L. W. Morris* (1967) unterscheiden zwischen zwei Komponenten: WORRY und EMOTIONALITY.

WORRY

WORRY meint die kognitive Komponente des Angstgeschehens. Diese wird auch mit „Besorgnis", „Selbstzweifel" übersetzt. Sie betont die gedankliche Selbstzentriertheit ängstlicher Personen: die Bewertung ihrer Selbst als inkompetent, die Konsequenzen eines Misserfolges, die gedankliche Vorwegnahme von Misserfolg. Personen mit hohem WORRY-Grad

EMOTIONALITY

EMOTIONALITY besagt das subjektive Spüren der eigenen physiologischen Erregung und deren Interpretation als „ängstliche Erregung" oder „Aufgeregtheit".

beschäftigen sich also eher mit sich selbst, als mit dem zu lösenden Problem.

Es fällt nicht schwer, diese zwei Komponenten auf andere Emotionen zu übertragen. So würde für Hoffnung – insofern dies eine Emotion ist – gelten können, dass seitens der WORRY-Komponente eine gedankliche Vorwegnahme von Erfolg zusammen mit gelindem Selbstzweifel Inhalte sein könnten. Was die EMOTIONALITY-Komponente angeht, so hätten wir es eventuell mit einer Art „hoffnungsvoller Erregung" zu tun. Was bei Angst eher negativ gefüllt ist, ist bei Hoffnung entsprechend positiv gefüllt. Dies gilt nicht nur für die WORRY- Seite, sondern ganz sicher auch für einige Aspekte unserer Arbeitsdefinitionen, die in den Kapiteln 2 und 3 zum Tragen kommen.

1.2.3 Wie entstehen Emotionen?

Die Tatsache, dass verschiedene Personen in der gleichen Situation unterschiedliche Empfindungen haben können, macht die Frage nach der Emotionsentstehung so bedeutsam. Würden wir alle in der selben Situation dasselbe empfinden, wären die entsprechenden Antworten ja schnell gefunden. Individualität manifestiert sich demnach im körperlichen Wahrnehmen und gedanklichen Interpretieren von Gefühlen.

Als Auslöser für Gefühle kommen daher mindestens

- innerliche, angeborene neurophysiologische Mechanismen und Strukturen (Gehirn und periphere neuronale Verbindungen),
- unsere Sozialisation beziehungsweise unsere persönliche Lerngeschichte (Elterliche Erziehung, Schule, Freundeskreis),
- alltägliche persönlich bedeutsame Ereignisse,
- große persönlich bedeutsame Lebensereignisse,

- Erinnerungen,
- Lebens- und Umweltbedingungen,
- und vieles andere (Musik, Filme) in Betracht.

Ursachen für Gefühle können also mannigfaltig sein. So befragte beispielsweise *Cason* bereits 1930 659 Personen nach den Anlässen für Ärger. Diese gaben 2581 (!) verschiedene Ursachen an, die überwiegend mit dem Verhalten oder mit Eigenschaften anderer Menschen zu tun hatten.

Andere Forscher fragten ihre Probanden wiederum nach Ereignissen, die spezifische unterschiedliche Emotionen auslösten. *Schmidt-Atzert* fasste einige dieser Ursachen für unterschiedliche Emotionen zusammen (vgl. Schmidt-Atzert, 1996, S.32):

Tab. 2: Emotionsauslösende Ereignisse (Befragungsergebnisse)

Emotion	**Häufig genannte Ereignisse oder Situationen**
Angst	
1.	Verkehrssituationen, Gewaltverbrechen, Risiken eingehen
2.	Gefahr von Schaden oder Tod, neue Situationen, Gefahr sozialer Zurückweisung
3.	Verkehrssituationen, Interaktion mit Fremden, neue Ereignisse
Traurigkeit	
1.	Probleme mit Beziehungen, Misserfolg, Tod eines nahestehenden Lebewesens
2.	Tod einer geliebten Person, Abbruch einer Beziehung, unerwünschtes Ergebnis
3.	Probleme mit Freunden oder Verwandten, vorübergehende Trennung, Misserfolg
Ärger	
1.	Persönl. Beziehungen, Beschädigung von Eigentum, zwischenmenschl. Probleme

2.	Ungerechtigkeit, realer oder angedrohter Schmerz, Verletzung von Erwartungen
3.	Rücksichtsl. Verhalten, das soziale Normen verletzt, ungerecht behandelt werden
Freude	
1.	Beziehungen zu Freunden, Erfolgserlebnisse, Bedürfnisbefriedigung
2.	Bekommen, was man wollte, Erfolg, Achtung, Respekt, Lob erhalten
3.	Beziehungen zu Freunden und Verwandten, Begegnungen/Treffen, Erfolg

Alles in allem ist die Frage nach der Emotionsentstehung der Frage nach der Henne und dem Ei vergleichbar. Was ist zuerst da – das Denken und Verhalten oder die Emotionen – die Henne oder das Ei? Es wiederstrebt uns zwar, beide Aspekte als absolut gleichwertige Seiten einer Medaille zu betrachten, aber nur, wenn wir genau diese Perspektive zulassen, gewinnen wir ein angemessenes Bild über die Ursprünge unseres Verhaltens. Denn Emotionen und Denken/Verhalten beeinflussen sich gegenseitig wie in einem ständigen Kreislauf.

1.3 Neurophysiologische Aspekte zum Verhältnis zwischen Emotionen und Denken

Der heutige Wissensstand der Neurowissenschaft und der Psychologie räumt mit unserer herkömmlichen Einstellung, dass Emotionen eine dem Denken untergeordnete Rolle spielen, gründlich auf. Einer der führenden Wissenschaftler auf diesem Gebiet, *Antonio R. Damasio*, weist uns nachdrücklich darauf hin, dass Descartes' berühmter Ausspruch: „Cogito ergo sum“ (Ich denke also bin ich), ein Irrtum ist, dem wir in unserer westlichen Kultur bis heute aufsitzen (Damasio, 2000). Die Frage ist vielmehr, in welchem funktionalen Zusammenhang Fühlen und Denken stehen.

Zunächst können wir – so *Damasio* – zwischen den primären und sekundären Gefühlen sowie den Empfindungen unterscheiden:

Primäre Gefühle sind solche, die uns angeboren und somit in unseren neuronalen Netzen von Geburt an angelegt, man könnte auch sagen, „verdrahtet" sind. Eine solche präorganisierte physiologische Gefühlsreaktion zeigt sich beispielsweise bei einem Küken irgendeiner Vogelart, das alle Anzeichen von Furcht und Entsetzen zeigt, wenn ein Adler lauernd über das Nest fliegt. Es zieht den Kopf ein und macht sich damit noch kleiner, als es ist. Babies reagieren auf fremde Personen oftmals mit lautem Weinen. Wir verfügen also offenbar über angelegte Vorstellungsbilder, die gewisse Muster beinhalten, anhand derer wir mit primären Gefühlen auf unsere Umwelt reagieren können. Dies erhöht die Wahrscheinlichkeit, uns durch simple defensive Reaktionen einen ersten Schutz unseres Überlebens zu ermöglichen.

Je mehr wir im Verlauf des Erwachsenwerdens lernen, umso mehr kommt unser Bewusstsein ins Spiel und in demselben Maße werden wir zu *sekundären Gefühlen* fähig: Wir lernen durch Erfahrung und können mit der Zeit unsere gefühlsbedingten Körperzustände (Zittern, Schwitzen, Beklemmungsempfindungen, Erleichterungsempfindung, Gänsehaut, und vieles anderes) mit den Auslösern, die es erregt haben, in Beziehung setzen, was bedeutet, diese Beziehungen bewusst zu erkennen und damit auch zu benennen.

Erwachsene Denk- und Bewertungsstile im Sinne einer angemessenen Ursachenzuschreibung stehen nun neben der korrespondierenden Körperempfindung. Das wiederum funktioniert nur dann, wenn wir die körperlichen Veränderungen zusammen mit den geistigen Bewertungsprozessen auch *empfinden*.

Empfindungen sind demnach im Kern die reine Erfahrung von Veränderungen des Körperzustandes. Unser Körper verändert seinen Zustand ohne Unterlass. Diese Veränderungsinformationen werden in den Rindenfeldern unseres Gehirns fortwährend empfangen und spiegeln sich dort als ein sich immerwährend veränderndes neuronales Aktivitätsmuster wider. *Damasio* nennt dies eine „dynamische, sich ständig neu konkretisierende Online-Darstellung dessen, was gerade im Körper geschieht“ (Damasio, 2000, S. 199 f.). Dazu gehört weiterhin, dass wir diese Körperveränderungen in Verbindung bringen mit den dazugehörigen Außenreizen oder Innenreizen (wie z. B. Erinnerungen). Dieses wahrgenommene, also empfundene Nebeneinander von Körperveränderung und Reiz ermöglicht es uns, unser Denken gleichzeitig darauf abzustimmen. Erst dann sind wir dazu in der Lage, Wahrgenommenes als angenehm oder unangenehm, herausfordernd, irrelevant oder bedrohlich einzustufen und differenziert darauf zu reagieren.

Nun stellt sich die Frage erneut, ob rein rationales Denken zu den besseren Entscheidungen führt, als „Empfindsamkeit“. Betrachten wir hierzu einen Patienten *Damasios* (ebd. S. 64 ff.) namens Elliot:

Er war ein erfolgreicher Mann, Mitte Dreißig, mit einem guten Posten in einem Wirtschaftsunternehmen, und er war ein guter Ehemann und Vater. Elliot bekam einen Gehirntumor unmittelbar über der Nasenhöhle, der auf die Größe einer kleinen Apfelsine heranwuchs und die Stirnlappen des präfrontalen Cortex (Stirnhirn) von unten zusammendrückte. Der Tumor wurde entfernt und es musste ebenfalls ein Teil des Gehirngewebes vom Stirnlappen mit entfernt werden, da es bereits vom Tumor zerstört worden war. Dabei musste auf der rechten Seite mehr entfernt werden, als auf der linken. Die Operation verlief erfolgreich und Elliot genas. Jedoch veränderte sich seine Persönlichkeit maßgeblich.

Morgens musste man ihn drängen, zur Arbeit zu gehen. Bei der Arbeit konnte er sich die Zeit nicht angemessen einteilen, unterbrach darüber hinaus seine Arbeitsprozesse oft, um sich anderen Tätigkeiten zu widmen und verlor so sein eigentliches Ziel schnell aus den Augen. Wenn es etwas zu sortieren gab, so überlegte er sich stundenlang, welches Ordnungsprinzip er denn zugrunde legen sollte, kam aber zu keinem Ergebnis. Elliott arbeitete einfach zu sorgfältig auf Kosten der eigentlichen Priorität. Seine Kenntnisse waren vorhanden und damit auch seine Fähigkeit, einzelne Tätigkeiten auszuführen. Allerdings war er offenbar nicht mehr in der Lage, diese Tätigkeiten zielorientiert zu verbinden und zu einem abschließenden Ergebnis zu gelangen. Elliot verzettelte sich schlichtweg ständig, da er sich nie entscheiden konnte. Nachdem er gekündigt wurde, betrieb er einige ominöse Geldanlagen und wanderte geradewegs in den Bankrott. Dann kam die Scheidung. Schließlich erhielt Elliot eine kleine Rente.

Elliots Intellekt an sich hatte äußerlich nicht gelitten. Elliot schnitt in den gängigen Intelligenztests auch durchschnittlich bis überdurchschnittlich ab. Wahrnehmung, Lang- und Kurzzeitgedächtnis, Lernfähigkeit, Sprache und mathematische Fähigkeiten waren nicht gestört. Auch die gängigen Persönlichkeitstests ergaben keine Defizite. Dennoch verhielt er sich für den außenstehenden Beobachter unwissend und nervend.

Da Elliots Rationalität nicht messbar gelitten hatte, wendete sich *Damasio* dessen emotionalem Erleben zu. Und hier fand sich der Casus belli. Elliot war zwar fähig, seine missliche Lage darzustellen, doch er tat dies mit einer emotionalen Distanz, leidenschaftslos und unbeteiligt, als wäre er selbst ein Außenstehender, der über eine andere Person spricht. Elliot verhielt sich wesentlich sachlicher und gemäßigter, als vor der Operation. Nie war er ungeduldig, traurig oder zeigte auch nur einen Anflug irgendeiner emotionalen Reaktion auf andere oder auf seine eigene Tragödie. *Damasio* beschreibt Elliot als eine Person, die rational durchaus begreift, aber eben ohne etwas dabei zu fühlen (ebd. S. 78). Schlussendlich fand *Damasio* heraus, dass Elliot, sobald er eine Entscheidung während eines Problemlösungsprozesses zu treffen hatte, nach dem Motto: „Also mache ich es so.“, dies nicht konnte. Elliot litt an einem Mangel an emotionaler

Reaktionsbereitschaft. Dazu *Damasio:* „In mir wuchs die Überzeugung, dass die Gefühllosigkeit seines Denkens Elliot daran hinderte, verschiedenen Handlungsmöglichkeiten unterschiedliche Werte zuzuordnen, so dass seine Entscheidungslandschaft völlig abflachte.“ (ebd. S. 85).

Halten wir also fest: Ein Mangel an Gefühlen ist eine maßgebliche Ursache für irrationales Verhalten. Denken und Fühlen hängen demnach unmittelbar zusammen und ergeben erst im tadellosen Zusammenspiel die Fähigkeit, vernunftbetont zu handeln.

1.3.1 Denken und Entscheiden

Der Körper und die damit verbundenen Prozesse stellt also einen zentralen Punkt in unserer Emotionalität und in unserem Denken und Entscheiden dar. Nun stehen Denken und Entscheiden in engster Wechselbeziehung: „Um zu entscheiden, urteile; um zu urteilen, denke nach; um nachzudenken, entscheide (worüber Du nachdenken willst).“ (Johnson-Laird, 1993, S. 109).

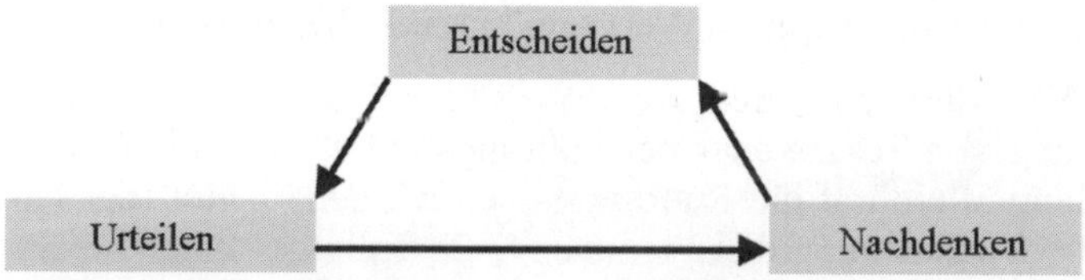

Abb. 1: Kreislauf nach Johnson-Laird (1993)

Ich kann beispielsweise Entscheidungen im persönlichen Bereich fällen, also solche, die meine Berufswahl betreffen, meine Partnerwahl, ob ich diesen oder jenen Wagen kaufe, wie ich ein Team zusammenstelle, wie ich mich in einem bestimmten Konflikt verhalten will und mit welchem Ziel denn überhaupt, wie ich in bestimmten Situationen meine Mitarbeiter führe, was ich denn nun an Sylvester anstellen werde, und, und, und. Ich denke darüber nach, ich urteile, plane und ich entscheide. Dies tue ich zum Teil aufgrund der verfügbaren Zahlen, Daten, Fakten.

Ich kann aber auch Probleme lösen, die nicht unmittelbar meinen persönlichen Bereich betreffen, die jedoch ein hohes Maß an Kreativität erfordern, wie zum Beispiel das Rad erfinden, ein Musikstück komponieren, $e = mc^2$ herleiten, und vieles mehr. Auch hierbei ist umfangreiches Fachwissen unumgänglich, aber es reicht nicht aus, um zum richtigen Ergebnis zu gelangen.

Was fehlt in den genannten Entscheidungsklassen – dem eher persönlichen und dem eher kreativ-analytischen Sachbereich? In beiden fehlt weder die Ratio noch das Faktenwissen. Was fehlt, ist ein Gefühl für die Sache. Ich konnte schon in der Grundschule intuitiv empfinden, ob ein Mathematikstudium das Richtige für mich sein würde (und das wäre und ist es nicht geworden). *Einstein* wusste oftmals intuitiv, ob er in bestimmten Phasen der Herleitung seiner Relativitätstheorie auf dem Holzweg war oder nicht. Wenn er merkte, dass er so nicht weiterkam, ließ er das ganze eine Zeit lang ruhen. Wenn er spürte, dass eine andere Richtung erfolgversprechend war, ging er mit Verve und Freude diesen Weg weiter.

Was würde passieren, wenn Sie sich bei der Zusammenstellung von Teams oder bei Führungsfragen in Ihrer Vorstellung allein auf die Ratio verlassen würden? Elliot (der Patient aus dem Fallbeispiel oben S. 25 ff.) hat es Ihnen bereits gezeigt: Sie würden sämtliche Zahlen, Daten, Fakten – also einzelne Vorstellungsinhalte – zusammentragen und diese klugerweise aufschreiben, weil Ihre Gedächtniskapazität dafür zu ein und demselben Zeitpunkt nicht ausreicht. Sie würden diese Einzelinformationen in allen möglichen (und unmöglichen) Kombinationen zueinander in Verbindung stellen und dabei würden Sie jeder Einzelinformation und jeder Kombination dieselbe Relevanz zusprechen. Daraus folgt, dass Sie sich zu keinem Ergebnis entschließen könnten, weil einfach alles in Ihrer Vorstellung gleichermaßen wichtig erscheint. Wenn Sie sich dennoch entscheiden, ist die Wahrscheinlichkeit, dass es sich um eine fehlerhafte Entscheidung handelt, groß.

Dieses für uns so wichtige intuitive Empfinden, ob etwas für uns vorteilhaft ist oder eher von Nachteil sein könnte, nennt Damasio *somatische Marker*. Sie scheinen die Basis für unsere Denk- und damit Entscheidungsfähigkeit zu sein. Diese je nach Situation angenehmen oder unangenehmen Körperempfindungen „markieren" Vorstellungen als positiv oder negativ für die Ergebniserreichung und damit für die Entscheidung, etwas zu tun oder zu unterlassen.

Somatische Marker dienen also als schnelle Alarmsignale bei Gefahren und als Startsignale bei förderlichen Vorstellungen oder Ideen. Nun arbeiten wir jedoch nicht jede der Entscheidungsmöglichkeiten einzeln und nacheinander durch und spüren gleichzeitig in uns hinein, um zu erkennen, ob die mögliche Vorstellung förderlich oder hinderlich ist. Denn das würde uns wiederum in die Nähe Elliotscher Informationsverarbeitung rücken. Stattdessen scheint es der Fall zu sein, dass unmittelbar nur solche Vorstellungen in unser Bewusstsein gelangen, die für uns auch wirklich nützlich oder wirklich schädlich sind.

Somatische Marker sind letztlich im Bereich der Körperempfindungen anzusiedeln – wobei das umfangreiche Nervengeflecht um den Magen-Darm-Trakt eine erhebliche Rolle zu spielen scheint – und werden von unserem Gehirn weiterverarbeitet. Sie scheinen demnach ein erster physischer Schritt in der Auswahl jener Inhalte aus unserem gesamten Vorstellungsrepertoire zu sein, die für eine Problemlösung von echter Bedeutung sind. Die so erzeugte Vorstellungslandschaft wird weiterhin im stirnnahen Gehirnbereich verarbeitet. Wir verarbeiten nun die ausgewählten Inhalte, die die Prüfung durch die somatischen Marker bestanden und somit Aufnahme in unser Arbeitsgedächtnis gefunden haben. Nun können wir unsere Aufmerksamkeit auf die relevanten Inhalte lenken und unsere Vernunft kann schlussendlich auf einer sinnvollen und bedeutsamen Arbeitsgrundlage sinnvolle und bedeutsame Schlussfolgerungen und Ergebnisse zustande bringen.

1.4 Herleitung einer Arbeitsdefinition für „Emotionen“

Emotionen sind trotz aller bisher angestellten Überlegungen noch immer schwer fassbare Phänomene, die viele verschiedene Aspekte beinhalten. Allein auf der für uns wahrnehmbaren *physiologischen* Empfindungsebene, die dem Empfindungsbegriff von Damasio am nächsten kommt, kann man davon ausgehen, dass sich Emotionen unter anderem in Herzschlag, Pulsfrequenz, Pupillenreaktion, Darmtätigkeit, Hautleitfähigkeit, motorischen Sensationen (Zittern/Ruhe), Mimik (Zornesfalten über der Nasenwurzel, erhobene Augenbrauen bei Furcht oder Erstaunen, und vieles andere mehr), Gestik, Körperhaltung, Stimmtonlage, usw. niederschlagen. Und die *affektive* Ebene, also emotionsspezifische Gefühlszustände, sollten wir auch nicht vergessen. Daneben haben wir *kognitive* Aspekte, also Wahrnehmungsvorgänge, Bewertungen, Denken, Entscheiden und dergleichen zu benennen. Weiterhin sind unsere Emotionen maßgeblich mit unserer *Motivation* verbunden. Je nach aktueller Emotion sind wir motiviert, bestimmte Handlungen auszuführen und andere zu unterlassen. Um also eine brauchbare Arbeitsdefinition zu erhalten, mit der wir im Rahmen dieses Buches auch leben können, müssen alle diese Komponenten einfließen:

EMOTIONEN

„Emotionen werden in der Regel als Reaktionssysteme aufgefasst, denen einige oder alle der folgenden Reaktions**komponenten** zugeordnet werden: 1. subjektives Gefühl (Affekt); 2. emotionsspezifische Kognitionen (z.B. Sorgen bei Angst); 3. … physiologische Prozesse, … 4. motivationale Tendenzen.“ (Pekrun, 1996, S. 155)

Nun sollen die genannten Emotionskomponenten genauer beschrieben werden:

Tab. 3: Emotionskategorien (vgl. Dietz, 1998)

Komponente	**Definition**
Affekt	Realiter sind dies Aktivierungen bestimmter Gehirnareale, die subjektiv als emotionsspezifische Gefühlszustände wahrgenommen werden (Pekrun, 1994). Beschreibbar werden Affekte jedoch eher als Gefühlstönungen (positiv-negativ, aktivierend-deaktivierend) des Erlebens, wobei dieser Erlebensanteil als das wichtigste Moment in vielen Emotionsdefinitionen auftritt. („Ich fühle mich gut/schlecht, seltsam/lustlos,…“)
Kognition	Dies sind alle Prozesse des Erwerbs (Lernen) und der Repräsentation (Speicherung und Wiedergabe) von Wissen. Wir sprechen hier von emotionsspezifischen Gedanken. Darunter sind unter anderem im Sinne von Lazarus (1991) die Wahrnehmung und Bewertung für uns wichtiger, und damit emotionsrelevanter Situationen zu verstehen. Damit hängen auch die Wahrnehmung eigener Kompetenzen (Was kann ich, was steht mir zur Verfügung?) (Schwarzer, 1993), und die daraus folgenden Handlungsstrategien (Was ich zu tun plane und auch ausführe) zusammen.
Physiologie	Es handelt sich hierbei um die Wahrnehmungen eigener körperlicher Veränderungen in Einklang mit der jeweiligen Emotion. So beispielsweise die Erhöhung der Hautleitfähigkeit bei Angst, verstärktes Schwitzen, Zittern, erhöhter Blutdruck, intensivierte Atmung etc.
Motivation	Dies sind emotionsspezifische Motivationstendenzen, beziehungsweise Handlungsimpulse,

	wie zum Beispiel Vermeidungs- oder Fluchtmotivation bei Angst, oder Annäherungsmotivation bei Hoffnung. Aber auch intrinsische und extrinsische Motivationsbereiche sollten darunter verstanden werden.
Verhalten	Hierbei handelt es sich um das tatsächlich gezeigte und damit für Außenstehende sichtbare Verhalten.

In den folgenden Kapiteln wird diese Definition, beziehungsweise die Komponenten, jeweils spezifisch für Hoffnung und für Angst ausgearbeitet. Einige der Komponenten stellen tatsächlich eine eigene Forschungsrichtung dar, wie es für die Kognitionspsychologie, die Motivationspsychologie und die Physiologie (Allgemeinmedizin, Neurologie, Biochemie, u. a.) der Fall ist.

1.5 Beschreibung und Klassifikation von Emotionen

Insgesamt gibt es natürlich viele Emotionen, die im beruflichen und privaten Alltag auf- und abtauchen. *R. S. Lazarus*, ein führender Stress- und Emotionstheoretiker, hat sich treffende Gedanken über das, was ihr jeweils zentraler Inhalt ist, gemacht:

Tab. 4: Zentrale Thematiken verschiedener Emotionen nach Lazarus, 1993, S. 13 (Übers. d. Verf.)

Emotion	**Zentrales Thema**
Ärger	Ein herausfordernder Angriff gegen mich oder mir nahestehende Personen.
Angst	Man ist mit ungewisser, existentieller Bedrohung konfrontiert.

Furcht	Man ist mit einer plötzlichen, konkreten und überfordernden physischen Gefahr konfrontiert.
Schuldgefühl	Man hat einen moralischen Imperativ übertreten.
Scham	Man hat beim Erreichen eigener Ideale versagt.
Trauer	Man hat einen unwiederbringlichen Verlust erlitten.
Neid	Man will etwas, was einem anderen gehört.
Eifersucht	Man nimmt einer dritten Person übel, dass man jemandes Zuwendung verloren hat, oder dass diese von der dritten Person bedroht wird.
Ekel	Man ist mit einem äußerst unangenehmen Objekt oder (metaphorisch gesprochen) einer Idee konfrontiert oder in Berührung.
Freude	Man macht erkennbare Fortschritte bei der Realisierung eines Zieles.
Stolz	Verstärkung der eigenen Ego-Identität durch das Erreichen eines persönlich oder gesellschaftlich wertvollen Zieles, mit dem man selbst, oder/und die Gruppe/Gesellschaft sich identifiziert hat.
Erleichterung	Eine bedrohliche, das Ziel in Frage stellende Bedingung hat sich zum Guten gewendet oder ist verschwunden.
Hoffnung	Das Schlimmste befürchtend, aber Verbesserung vermutend.
Liebe	Man wünscht sich oder empfindet Zuneigung vom anderen, die diese aber nicht notwendigerweise entgegen bringen.
Mitleid	Man ist berührt vom Leid anderer und möchte helfen.

Inwiefern sich alle genannten Emotionen nach o. g. Arbeitsdefinition tatsächlich als solche definieren lassen, ist eine interessante Aufgabe für zukünftige Forschungsvorhaben. Bisher zeigt sich, dass Angst, Traurigkeit, Freude, Verzweiflung, Hoffnungslosigkeit – die beiden Letzteren führt *Lazarus* in seiner Liste nicht auf (vgl. Dietz, 1998) – als Emotionen gelten. Ob Hoffnung ebenfalls als Emotion anzusehen ist, klärt sich in Kapitel 2.

Lazarus' Liste ist nicht vollständig, was die Nennung von Verzweiflung und Hoffnungslosigkeit bereits andeutet. Fakt ist, dass es bisher in der Emotionspsychologie keinen Konsens darüber gibt, welche Phänomene denn nun endgültig als Emotionen zu verstehen sind, und welche nicht. Das verwundert uns an dieser Stelle auch nicht mehr, wissen wir doch, dass ein Ende der Definitionsbemühungen des Begriffes „Emotion" noch nicht in Sicht ist. Auch *Pekrun* (1996) erreicht mit der Arbeitsdefinition einen Burgfrieden – aber noch keine landes- oder gar weltweite Harmonie.

Immerhin hat *Carroll E. Izard* (1981) in Untersuchungen zehn „fundamentale Emotionen" herausgearbeitet: Interesse/Erregung, Freude, Überraschung, Kummer/Schmerz, Zorn, Ekel, Geringschätzung, Furcht, Scham, Schuldgefühl.

Der Begriff „fundamentale Emotionen" oder „Basisemotionen" besagt dabei im Grunde nichts anderes, als das, was *Goethe* mit dem Begriff der Primärfarben in seiner Farbenlehre herausgearbeitet hat. Primärfarben sind die Mischungsgrundlage aller möglichen weiteren Farbgebungen. Ebenso sind Basis- oder fundamentale Emotionen als reine, untereinander mischbare Emotionen zu verstehen. Sie sind uns allen angeborene, kulturübergreifende Phänomene.

Eine weitere Klassifizierungsmöglichkeit bringt uns nun dem beruflichen Sektor näher: *Reinhard Pekrun* hat lern- und damit leistungsrelevante Emotionen klassifiziert. Die entsprechenden Parameter sind positiv/negativ, sowie aufgaben- und sozialbezogen. Aufgabenbezogene Emotionen differenziert er nach der zeitlichen Perspektive in gleichzeitig (= prozessbezogen), antizipierend bzw. vorausblickend (= prospektiv) und rückblickend (= retrospektiv).

Tab. 5: Klassifikation lernrelevanter Emotionen nach Pekrun (1996)

		Positiv	**Negativ**
aufgaben-bezogen	*prozess-bezogen*	Lernfreude	Langeweile
	prospektiv	Hoffnung Vorfreude	Angst Hoffnungslosig-keit
	retrospektiv	Ergebnisfreude Erleichterung Stolz	Traurigkeit Enttäuschung Scham/Schuld
sozial		Dankbarkeit Empathie Bewunderung Sympathie/ Liebe	Ärger Neid Verachtung Antipathie/Hass

Wenn wir uns in den folgenden Kapiteln mit leistungsrelevanten Emotionen befassen, sollten wir besonders die Vor-, Gleich- und Nachzeitigkeit als mögliche Perspektiven unseres Emotionserlebens im Visier haben.

Weiterhin ist eine Differenzierung von Emotionen in *aktivierende* und *deaktivierende* Emotionen eine fruchtbare Angelegenheit. So kann Angst mit niedriger Intensität noch aktivierend sein, mit steigender Intensität jedoch mehr und mehr die Inaktivität fördern. Man friert förmlich ein wie das Kaninchen im Scheinwerferlicht und weiß nicht mehr, was man tun soll. Für Hoffnung gilt hingegen der umgekehrte Zusammenhang: Je intensiver Hoffnung erlebt wird, desto aktivierender wirkt sie auf unser Handeln.

1.6 Denkstile

Dass Emotionen mit unserem Denken und umgekehrt unser Denken mit Emotionen unmittelbar in Zusammenhang stehen, sollte uns an dieser Stelle hinreichend deutlich sein. Welcherart unsere Denkstile in Bezug auf beruflichen Erfolg und Misserfolg sein können, gilt es im Folgenden zu klären.

Denkstile der Art, wie sie hier Verwendung finden, gehen auf *Rotter, Heider* und *Rosenbaum* (vgl. Seligman, 1986, S. 213 ff.) zurück. Man nennt sie auch *Attributionen* – Ursachenzuschreibungen also. Letztlich führen wir unsere Erfolge oder Misserfolge im Nachhinein immer auf Ursachen zurück. Seien diese Ursachenzuschreibungen nun mehr oder weniger realistisch. Diese Ursachenzuschreibungen beinhalten insgesamt vier Begriffspaare. Das erste Denkstilpaar lautet:

Internal	External
Die Ursachen für Miss-/Erfolge liegen *innerhalb* der attribuierenden Person.	Die Ursachen für Miss-/Erfolge liegen *außerhalb* der attribuierenden Person.

Die Chefsekretärin, Frau Kern, erhält von ihrem Chef, Herrn Höfer, den Auftrag, ein Rundschreiben an alle Mitarbeiter des Vertriebs zu verfassen und es allen via Intranet umgehend zuzumailen. Sie gibt diesen Auftrag an ihre Mitarbeiterin, Frau Glas, weiter. Frau Glas verfasst diese Mail und schickt sie auch umgehend allen zu. Allerdings fehlen wichtige Daten in dem Rundschreiben, wodurch dieses widersprüchlich und unbrauchbar wird. Frau Kern erhält einen Rüffel von Herrn Höfer.

Sie argumentiert jedoch: „Ich habe Frau Glas alle relevanten Infos gegeben. Ich weiß nicht, wie das passieren konnte. Frau Glas hat wohl nicht zugehört!“ In diesem Falle hat Frau Kern external bewertet, da sie die „Schuld“ nach außen bzw. an andere weitergegeben hat.

Hätte sie die Ursache des Fiaskos wenigstens zu einem Teil in ihrem eigenen Verhalten gesehen, so hätte sie damit diesen Anteil internal bewertet. Inwieweit dieser Denkstil der Realität entspricht, ist hier unklar. Gelungene Kommunikation basiert allerdings immer auf Eindeutigkeit und Verstehenssicherung. Möglich, dass die Kommunikationsinhalte schon seitens Herrn Höfer Unklarheiten in sich birgt, aber das mag uns hier nicht weiter stören. Klar ist jedoch, dass mit einem Informationsschwund bei mehr als zwei hintereinandergeschalteten Informationsebenen gerechnet werden muss (vgl. Kap. 6.5).

Der zweite Denkstil umfasst das Begriffspaar:

Global	**Spezifisch**
Die Ursachen für Miss-/Erfolge werden weit und allgemein gefasst.	Die Ursachen für Miss-/Erfolge werden spezifisch auf die Situation bezogen.

Angenommen, ich muss komplexe Fachliteratur zum Thema „Entwicklung kognitiver Strukturen“ lesen und natürlich auch verstehen, damit ich sie angemessen wiedergeben kann. Aber ich komme partout nicht über die ersten fünf Seiten hinaus und muss ständig zurückblättern, verstehe aber dennoch nicht wirklich, was da steht. Nach einiger Zeit lege ich das Buch frustriert beiseite.

Denke ich nun global, so sähe das folgendermaßen aus: „Ich bin wohl zu dumm, um wissenschaftliche Fachliteratur zu kapieren. Meine Intelligenz spielt da einfach nicht mit.“ Ich beziehe mich hier auf meine intellektuellen Fähigkeiten und Fertigkeiten insgesamt – sehr allgemein gefasste Ursachen also, die natürlich auch in allen anderen Bereichen meines Lebens zum Tragen kommen können.

Wenn ich aber vor mich hin schimpfe: „Das ist aber auch ein abgehobener Stil. Normalerweise verstehe ich solche Sachen doch. Kann denn der Autor keinen Klartext? Wie meint der das denn nun? Himmelherrgott, das wimmelt von Fremdwörtern, die nirgends erklärt werden. Ich muss noch mal recherchieren, ob es eine andere, leserfreundlichere Veröffentlichung zu dem Thema gibt." Gesagt, getan. In diesem Falle habe ich mich spezifisch auf diesen Autorenstil bezogen.

Der dritte Denkstil spiegelt den zeitlichen Aspekt wider:

Stabil	**Variabel**
Die Ursachen für Miss-/Erfolge werden als zeitlich langlebig bzw. unveränderbar aufgefasst.	Die Ursachen für Miss-/Erfolge werden als kurzlebig bzw. vorübergehend aufgefasst.

Nehmen wir nur mal an, Sie sehen sich erfahrungsgemäß nicht gerade als den Typ Mensch, der gern und erfolgreich im Rampenlicht steht. Zu oft haben Sie bisher bei Vorträgen und Geburtstagsreden von Ihrer Umgebung ein Feedback der Mittelmäßigkeit erhalten. Zu Ihrem eigenen Leidwesen gehört es aber zu Ihrem beruflichen Aufgabengebiet, die Ergebnisse Ihres Projektteams vor wichtigen Kunden und der Geschäftsleitung zu präsentieren. Der Tag der Präsentation rückt heran. Sie sind nervös und fahrig. Aber da … es gelingt Ihnen erstaunlicherweise! Ihr Vortrag erweist sich als gut strukturiert, Sie haben einen verständlichen Vortragsstil, die Folien sind 1a, und ab und an blitzt Ihr Humor durch und lockert die Atmosphäre auf. Die Zuhörer lächeln Sie entspannt an und zollen Ihnen einen weit mehr als mittelmäßigen Beifall. Einem Lob seitens der Geschäftsleitung und Ihres eigenen Teams entgegnen Sie : „Ja, vielen Dank." Im Stillen denken Sie sich: „Das war ja wohl Zufall. Normalerweise vergeige ich so was doch. Nächstes Mal wird das auch wieder eher mittelmäßig. Wäre ja wohl sonst auch ein Wunder."

Sie attribuieren hier also variabel, indem Sie diesen Erfolg auf diesen einzigen Zeitpunkt münzen. Es hängt dabei in starkem Maße von Ihren früheren Erfahrungen ab, welche Ursachen Sie dem Ereignis zuschreiben. Hätten Sie bisher

Erfolgserfahrungen in dem Sektor zu verbuchen, so würden Sie viel eher im Sinne der Stabilitätsdimension denken, nach dem Motto: „Das war ja zu erwarten. Bisher sind meine Vorträge immer recht gut aufgenommen worden.“

Der vierte und letzte Denkstil lautet:

Kontrollierbar	**Unkontrollierbar**
Die Ursachen für Miss-/Erfolge werden als von der Person selbst beeinflussbar bewertet.	Die Ursachen für Miss-/Erfolge werden als von der Person selbst nicht beeinflussbare Faktoren bewertet.

In einem mittelständischen Unternehmen von ca. fünfzehn Personen Belegschaft zeichnet sich der Chef durch einen rigiden, autoritären Führungsstil aus. Sämtliche Vorgänge überprüft er höchstpersönlich, sämtliche Entscheidungen behält er sich selbst vor. Da er jedoch nicht omnipräsent sein kann, verzögern sich beispielsweise diverse Abschlüsse, und gelegentlich springen Kunden sogar verärgert vor Vertragsabschluss wieder ab.

Einige Mitarbeiter bewerten die Situation bereits in Richtung „unkontrollierbar“: „Da können wir nichts machen. Der ändert sich nicht mehr.“ Diese Mitarbeiter fühlen sich hilflos und haben offenbar resigniert.

Andere Mitarbeiter argumentieren: „Das muss doch irgendwie geklärt werden. Da muss es doch Möglichkeiten geben, dass der Chef lernt, uns wenigstens gelegentlich eigene Entscheidungen treffen zu lassen. Delegieren kann man lernen.“ Diese Mitarbeiter gehen davon aus, dass die Situation von ihnen langfristig beeinflussbar – also kontrollierbar ist.

Nun sind die genannten vier Denkstile nicht getrennt voneinander zu betrachten. Vielmehr ergeben sie im Zusammenspiel sogenannte *Denkstilmuster*. Nehmen wir uns dazu die letzte der o. g. Situationen noch mal zu Hilfe: Der autoritätsbewusste Chef, dem Delegation ein Greuel ist. Ein resignierter Mitarbeiter könnte insgesamt argumentieren: „Er hört mir ja nicht zu (external), obwohl ich es schon hundertmal versucht habe (stabil), und außerdem ist das einfach seine Art (global und stabil). Ich kann da nichts tun (unkontrollierbar)… außer kündigen (kontrollierbar!).“

Ein weniger hilfloser Denkstil seitens eines Mitarbeiters wäre: „Die Frage ist doch, wie bekomme ich (internal) ihn dazu, mir, bzw. uns allen zuzuhören. Vielleicht sollte ich mich mal mit den Kollegen kurzschließen (kontrollierbar), die noch Hoffnung haben und gemeinsam mit ihnen die resignierten Mitarbeiter reaktivieren – vielleicht haben die anderen ja auch vielversprechende Ideen. Dann könnte ich auch dem Chef ein moderiertes Gespräch vorschlagen (internal). So was haben wir noch nie versucht (spezifisch und variabel). Man könnte ihm auch vorrechnen, welche Umsatzeinbußen sein Verhalten hat (spezifisch). Naja, vielleicht wäre das ein bisschen zu destruktiv. Jedenfalls gibt es einige Ansatzpunkte (eher kontrollierbar).“

Es wird deutlich, dass ein eher misserfolgsorientierter Denkstil (external, stabil, global, unkontrollierbar) nicht mehr ergebnisorientiert ist. Ein erfolgsorientierter Denkstil (internal, variabel, spezifisch, kontrollierbar) hingegen erhält und weitet den Blick für gelegentlich auch unkonventionelle Lösungsmöglichkeiten eines bevorstehenden Problems. Das heißt aber nicht, dass dies immer sinnvoll ist. Es gibt sicherlich zuhauf Situationen, wo ein misserfolgsorientierter Denkstil realistischer ist, sprich, wo die Einsicht in die Unabwendbarkeit von Misserfolg Sinn macht. Allerdings sollten wir uns darüber im Klaren sein, dass wir aufgrund unserer individuellen Lerngeschichte gelegentlich dazu tendieren, Fehlurteile zu bilden.

Ein misserfolgsorientierter Denkstil kann, wenn er sich aufgrund vieler Misserfolgserfahrungen in einer Person etabliert hat, kann dazu führen, dass für die misserfolgsgewohnte Person der Unkontrollierbarkeitsaspekt in Vordergrund steht und sie daher keine oder kaum Anstrengungen mehr unternimmt, das Ruder zukünftig herumzureißen. Weitere Misserfolge werden dann von der Person selbst prophezeit und treten auch sehr viel eher ein. Man nennt dieses Phänomen auch sich selbst erfüllende Prophezeiung (*self-fulfilling-prophecy*). Hilf- und Hoffnungslosigkeit können in diesem Falle über die Resignation bis in die Depression führen.

Ein erfolgsorientierter Denkstil kann jedoch ebenfalls, statt in umsichtige Konstruktivität, in unrealistisch optimistische Erwartungen ausarten, wenn er trotz Misserfolgswahrscheinlichkeit beibehalten wird. Er kann aber auch im Sinne einer sich selbst erfüllenden Prophezeiung zum Erfolg führen. Dann jedoch sollte der Glückspilz so realistisch sein und den eingeheimsten Erfolg als Glück/Zufall (external) bewerten. Doch dazu tendiert er weniger – er bleibt eher beim „internal".

Jedenfalls besteht immer die Gefahr, dass unsere vergangenen Erfahrungen zu sehr gleichgeschaltet werden mit zukünftigen Erwartungen. Wichtig ist, dass uns unsere Miss-/Erfolgs-Erfahrungen und die damit verbundenen Denkstile nicht die realistische Sicht auf zukünftige Miss-/Erfolgs-Erwartungen verbauen. Vergangenheit und Zukunft sind eben nicht immer über einen Kamm zu scheren.

1.7 Zusammenfassung

Emotionen nehmen in unserem Alltag und daher auch in der Psychologie und anderen Forschungsgebieten einen Sonderstatus ein. Sie hängen aufs Engste mit unserem Denken zusammen. Fühlen und Denken/Entscheiden beeinflussen sich wechselseitig und ergeben die Basis für unser Tun. Besonders *Damasio*, ein etablierter Neuropsychologe, betonte das Empfinden von „somatischen Markern" (ersten Körperreaktionen auf veränderte Situationen, Objekte, Vorstellungen) als Basis für rationales Verhalten. Er betont in seiner Theorie also „intelligentes Fühlen" als Voraussetzung für „intelligentes Verhalten".

Doch was sind Emotionen denn nun und wie entstehen sie in der Form, die wir tagtäglich erleben? Emotionen zu definieren, ist bis heute ein Anliegen von Psychologen, Neurologen, Biochemikern, Soziologen, Psychoanalytikern, Pädagogen, Wirtschaftwissenschaftlern, Organisationsentwicklern, und Philosophen. Hier ergibt sich eine Arbeitsdefinition:

„Emotionen werden in der Regel als Reaktionssysteme aufgefasst, denen einige oder alle der folgenden Reaktionskomponenten zugeordnet werden:

1. subjektives Gefühl (Affekt),
2. emotionsspezifische Kognitionen (z. B. Sorgen bei Angst),
3. physiologische Prozesse,
4. motivationale Tendenzen.“ (Pekrun, 1996, S. 155).

Weiterhin lassen sich Emotionen recht vielfältig klassifizieren. Mögliche Parameter sind:

1. positiv/negativ,
2. aktivierend/deaktivierend,
3. aufgabenbezogen/sozial,
4. prozessbezogen/antizipierend/retrospektiv.

Wenn also Emotionen und Denken immer zusammenhängen, gilt es, eine Klassifikation von Denkstilen zu ermitteln, die es uns ermöglicht, die Wechselwirkungen zwischen Emotionen und Denken anschaulicher zu machen. Ein mögliches Klassifikationssystem von Denkstilen bezieht sich auf Ursachenzuschreibungen nach Erfolg und Misserfolg. Die vier Denkstile sind:

1. internal/external,
2. stabil/variabel,
3. global/spezifisch und
4. kontrollierbar/unkontrollierbar.

Sie kommen in Kapitel 4 und 5 zur Erläuterung bestimmter Emotionen wieder zum Tragen.

2. Hoffnung – Eine Einführung

Wenn wir auf etwas hoffen, liegt dieser Hoffnung immer ein verbesserungswürdiger Zustand zugrunde. Wir hoffen also auf Erfolg oder Verbesserung. Demgegenüber steht die Angst vor einer möglichen Verschlechterung oder einem Misserfolg. Hoffnung und Angst können demnach als Plus- und Minuspol unserer Erwartungshaltung bezüglich Problemlösungen verstanden werden. Und Problemerkennung sowie -lösungen sind der Kern der Existenzberechtigung von Managern.

Da Emotionen und Denken untrennbare Anteile unseres Verhaltens sind (vgl. Kap. 1) – und damit auch unserer Problemlösestrategien – steht zunächst die Frage im Raum, was genau Hoffnung – und in Kapitel 3 Angst – ausmacht und wie diese beiden Phänomene unser Denken und Handeln beeinflussen. Der Sinn dieser Betrachtungen liegt in der Überlegung, dass beide Phänomene unser Denken und Handeln einfärben, was Vorteile aber auch Nachteile in allen diskutablen Managementsparten (Führung, Kommunikation, Team, Konflikt, Selbstmanagement, Changemanagement) mit sich bringen kann. Die Frage ist, wie wir die Vorteile von Hoffnung und Angst für unsere Strategien, Probleme zu lösen, einsetzen können, ohne die Nachteile aus dem Blick zu verlieren. Schauen wir uns daher zunächst das Phänomen Hoffnung genauer an.

Hoffnung gehört zu den Phänomenen innerhalb der Emotionspsychologie, denen bisher wenig Beachtung entgegen gebracht wurde. Daher gehen die Meinungen, ob es sich um eine Emotion im klassischen Sinne (vgl. Kap. 1.4) handelt, weit auseinander. Möglich ist auch, dass wir es mit einer persönlichen Einstellung zu tun haben (vgl. Dietz, 1998).

Izard (1981) kommt mit der Annahme, dass Hoffnung ein Zusammenspiel zwischen Interesse/Erregung und positiven Erwartungsinhalten sei, der Sache recht nahe. Interesse/Erregung sieht *Izard* als „fundamentale Emotion“, als Basisemotion also (vgl. Kap. 1.5). Somit hätten wir es mit einer solchen zu tun, bei der die positiv auf Erfolg ausgerichteten Denkstile (vgl. Kap. 1.6) den Ton angeben. Doch dazu später mehr.

Der Sinn und Zweck, warum wir hoffen, besteht darin, dass Hoffnung eines der Phänomene darstellt, die unsere psychische Gesundheit schützen. Sie vermindert die Auftretenswahrscheinlichkeit negativer Emotionen und sie unterstützt uns dabei, mit Situationen zurecht zu kommen, in denen wir unsere Ziele und Bedürfnisse noch nicht erreicht haben. Sie mahnt uns zur Geduld und gibt uns die Kraft, uns weiter in Richtung eines Zieles durchzuarbeiten.

Wenn wir hoffen, wissen wir noch nicht, ob wir unser Ziel auch tatsächlich erreichen, aber wir sind optimistisch.

- Wir nehmen eher an, dass wir erfolgreich sein könnten, als dass wir versagen könnten – sind also erfolgsorientiert.
- Wir denken darüber nach, welche Fähigkeiten und Fertigkeiten wir zur Zielerreichung benötigen und wie wir sie am besten einsetzen können – sind also leistungsorientiert.
- Wir denken über das erstrebenswerte Ziel, seine Wichtigkeit und Erreichbarkeit nach – sind also zielorientiert.

Dieses erregende, aktivierende Moment von Hoffnung ist der Motor, der uns bei der Planung und Durchführung von Problemlösungen unterstützt. Wenn wir hoffen, ergibt sich daraus eine Einstellung, auch dann durchzuhalten und unsere Anstrengungen sogar zu verstärken, wenn wir mit unerwarteten Rückschlägen konfrontiert werden. Hoffnung unterstützt also unsere Motivation, eine Leistung zu erbringen und damit ein Ziel zu erreichen, erheblich. Darüber hinaus erhöht sie die Wahrscheinlichkeit, dass Menschen Freude bei der Arbeit entwickeln und gelegentlich in einzelnen Arbeitsabschnitten derart mit ihrer Tätigkeit verschmelzen, dass sie sogar Zeit und Umgebung vergessen.

2.1 Bestimmte und generalisierte Hoffnung

Bestimmte Hoffnung bezieht sich auf ein bestimmtes, klar eingrenzbares, persönlich bedeutsames Ereignis. So beispielsweise eine Gehaltserhöhung in nächster Zeit, oder die Lösung eines aktuellen Vertriebsproblems, oder die immer greifbarere Lösung eines bestimmten Konfliktes, oder … oder … oder.

Generalisierte Hoffnung ist demgegenüber nicht an ein bestimmtes Thema oder Objekt gebunden. Sie beinhaltet vielmehr zukünftig Positives, aber Unbestimmtes, wie zum Beispiel die allgemeine Verbesserung der Konjunktur im nächsten Jahr. Sie ist also am ehesten vergleichbar mit einer allgemeinen optimistischen Lebenshaltung einer Person.

Wenn ich also insgesamt ein eher hoffnungsvoller Mensch bin, und hoffe, dass es mir in Zukunft ebenso gut geht, wie jetzt, so handelt es sich um generalisierte Hoffnung. Diese ist das Klima zur Entwicklung bestimmter Hoffnungen und sie stabilisiert uns, wenn sich bestimmte Hoffnungen als nicht mehr realistisch erweisen sollten (vgl. Dietz, 1998, S. 21).

Für uns von Interesse ist die bestimmte Hoffnung mit TRAIT-Charakter (vgl. Kap. 1.2.1). Sie bezieht sich auf bestimmte, für uns bedeutsame Bereiche des Managementalltages – beispielsweise Problem- oder Konfliktlösungen in Arbeitsprozessen, Karrierechancen, Förderung und Motivation von Mitarbeitern, Verbesserung des eigenen Führungsstiles, und vieles mehr. Als TRAIT, als Persönlichkeitsdisposition verstanden, funktioniert Hoffnung als eine andauernde konstruktive Einstellung gegenüber meinem Managementalltag und seinen Problemen.

2.2 Hoffnung und ihre Inhalte

Wenn wir nun Hoffnung als Emotion betrachten, so sollte es uns gelingen, unsere Arbeitsdefinition (vgl. Kap. 1.4) in Bezug auf Hoffnung inhaltlich zu füllen.

Aus der aktuellen Forschung (vgl. Dietz, 1998) ergibt sich, dass die Komponenten von Hoffnung (affektiv, kognitiv, physiologisch, motivational, verhaltensbezogen) allesamt inhaltlich positiv gefärbt sind: Affektive Inhalte wären unter anderem Zuversicht, Freude, Erleichterung, Vertrauen in sich und andere. Kognitive Inhalte wären unter anderem eine positive Zukunftserwartung, Kontrollglauben, Bewertung einer stressenden Situation als Herausforderung. Physiologische Inhalte wären unter anderem Energiegeladenheit, erhöhte Herzrate, ein Sich-kribbelig-fühlen. Motivationale Inhalte wären unter anderem ein erhöhtes Bestreben, einen Problemlöseprozess durchzuhalten, und Aktivation.

Hoffnung

Komponente	**Beschreibung**
Affekt	Begriffe wie „Zuversicht“, „Vertrauen“, „Kraft“, „Mut“, „ein Licht am Tunnelende sehen“, „Optimismus“, „Glaubensstärke“ beschreiben die affektive Komponente. Hoffnung beinhaltet ein lustgetöntes Gefühl ebenso, wie eine Erregung mit milder Ausprägung. Es geht hier um Sensationen und Emotionen, die Teil des Hoffnungsprozesses sind. Dazu gehören Gefühle der Zuversicht, aber auch der Ungewissheit. Affektive Reaktionen auf eine solche Ungewissheit könnten Angst, Nervosität, Anspannung, Traurigkeit, Rastlosigkeit, Un-/Geduld sein. Wenn sich eine Hoffnung zu erfüllen scheint, treten Gefühle, wie Freude, Erleichterung, Dankbarkeit auf. Hinzu kommen kognitiv-affektive Begriffe, wie Ruhe, Frieden, Erneuerung, Stärkung, Freiheit, Wärme, Vertrauen, Courage, Leichtigkeit.

Insgesamt deutet dies auf ein breites Gefühlsspektrum hin (Default und Martocchio, 1985). Wenn wir hoffen, erfahren wir nicht nur ein Hingezogensein zum Hoffnungsobjekt. Wir wollen dieses Ziel darüber hinaus erreichen und bleiben daher dran. Wenn wir erkennen, dass wir uns dem Ziel langsam aber sicher annähern, erfahren wir Freude, Stolz und Mut. Erkennen wir jedoch, dass wir auf dem Holzweg sind, erfahren wir – bei Hoffnung später, als bei anderen Emotionen – Frustrationen, vielleicht sogar Wut, Angst, Hilflosigkeit – je nachdem, wie wichtig uns persönlich die Zielerreichung ist.

Es gibt offenbar keinen allumfassenden Affekt, der den Hoffnungsprozess charakterisieren könnte. Wahrscheinlich kann jedes Gefühl, je nach dominierendem Umstand, erfahren werden. Das deutet darauf hin, dass die Affekte bei Hoffnung stark über die Zeit fluktuieren. Und es deutet darauf hin, dass Hoffnung an sich keine klar von anderen abgrenzbare Emotion ist, sondern eben eine Einstellung, die mit verschiedenen Emotionen einher gehen kann!

Stellen Sie sich folgenden Situationsverlauf vor: Sie sind Projektleiter eines Forschungsteams bei einem großen Medikamentenhersteller. Sie haben noch knapp ein Jahr Zeit, ein neues Herzmedikament zur Patentreife zu bringen. Wie vordem bereits mehrmals, werden Sie und Ihr Team durch die Probandenberichte auf neue Nebenwirkungen aufmerksam. Bisher regierte Hoffnung und eine kreativ-freudige Stimmung herrschte im Team vor. Probleme waren zum Lösen da! Aber nun reagieren immer mehr Mitarbeiter Ihres Teams niedergeschlagen auf diese Hiobsbotschaften. Einige reagieren angstvoll: „Dem Vorstand wird das gar nicht gefallen – hoffentlich läuft das nicht auf personelle Konsequenzen raus.“ Einige reagieren bereits hoffnungslos: „Das kriegen wir in der kurzen Zeit nicht mehr in den Griff – und wer weiß, ob nicht weitere Nebenwirkungen auftreten werden. Personelle Konsequenzen wird's geben, keine Frage.“

Ihr Auftrag als Projektleiter ist es, solche negativen und kraftraubenden emotionalen Stadien mit Ihrem Team realistisch zu bewerten und dessen Handlungsfähigkeit zu erhalten, denn gerade in solchen Situationen bewahrheitet sich das Potential eines Teams. Ihre Aufgabe ist es, realistische Hoffnung wiederherzustellen und somit die Ressourcen des Teams wieder frei zu setzen und auf das Problem hin zu kanalisieren. Sie werden als Projektleiter geradezu dafür bezahlt, Hoffnung und die damit verbundene Kraft im Team zu erhalten!

Komponente	**Beschreibung**
Kognition	Vorherrschend im Denken und Wahrnehmen ist eine positive Zukunftserwartung. Der Glaube, eine Situation zukünftig kontrollieren und verwirklichen zu können, ist hier zentral. Aber Vorsicht! Glauben bedeutet, dass wir uns *unsicher* sind, ob wir ein zukünftiges Problem nicht vielleicht doch lösen können. Es handelt sich hier also um Kontrollunsicherheit, mit eher positiver Ausrichtung, nach dem Motto: „Könnte funktionieren.“

Hoffnungen können – wie schon gesagt – inhaltlich begrenzt und zeitlich kurzfristig (bestimmt), oder aber auch inhaltlich weit gefasst und zeitlich eher langfristig (generalisiert) sein. Langfristige Hoffnungen könnte man umschreiben mit: „Wenn nicht heute, dann morgen“. Dadurch schützt sich die hoffende Person vor Enttäuschungen, und erhält ihre positiven kognitiven Inhalte, die weitere Aktionen zur Erreichung eines Hoffnungszieles im Bereich des Möglichen belassen.

Besonders wichtig ist die Realitätsüberprüfung (Default und Martocchio, 1985): Wenn wir hoffnungsvoll sind, untersuchen wir bereitwilliger die eigenen Ressourcen und Grenzen. Wir suchen nach nützlichen Faktoren in der Umgebung und wir schauen in der Vergangenheit nach ähnlichen Erfahrungen, die für die Problemlösung förderlich sein könnten.

Dadurch können wir unsere Hoffnung als realistisch möglich bewerten.

Vorsicht auch hier! Wenn wir bemerken, dass wir uns auf eine oberflächliche Problemlösung versteifen mit dem Argument: „Das hat doch früher auch geklappt, also warum nicht auch heute?“, so funktioniert dies nur, wenn wir die aktuelle Situation mit früheren Situationen gründlich verglichen haben. Sollte sich auch nur ein Faktor verändert haben, so kann das Argument nicht mehr beibehalten werden. Dennoch neigen wir dazu, genau dies, aus welchen Gründen auch immer, zu tun. Sei es Zeitmangel, Druck von oben oder von unten, der persönliche Wunsch nach dem schnellen Erfolg – wie auch immer.

Ich nenne diese Einstellung „*oberflächliche* Hoffnung“. Wir tendieren dazu, es uns einfacher zu machen und gehen dabei wohlwissend ein erhöhtes Misserfolgsrisiko ein. Dies ist gelegentlich zwar unumgänglich, aber es ist längst nicht so häufig der Fall, wie wir gerne vorgeben. Oftmals verdrängen wir bereits im Vorfeld allzu gerne, dass wir dem veränderten Situationsfaktor Rechnung tragen müssten. Wenn sich die dadurch erhöhte Misserfolgswahrscheinlichkeit obendrein auch noch bestätigt, kostet uns diese Art, unsere Erfahrung oberflächlich einzusetzen, erst Recht Zeit und damit Geld. Dabei spüren wir im *Damasio*'schen Sinne geradezu, dass wir mit dieser Verdrängungstaktik auf dem Holzweg sind. Unsere somatischen Marker signalisieren uns: „Halt an und guck' genauer hin! Vorsicht, Deine Planung ist ungenau!“

Zu der kognitiven Komponente gehört auch der Denkstil. Wenn wir hoffen, bewerten wir bei eingetretenem Erfolg internal (ich wusste ja, ich kann's), stabil (das war schon immer so), und je nach Hoffnungsinhalt global (= generalisierte Hoffnung) oder spezifisch (in diesem Arbeitsfeld; bestimmte Hoffnung), für persönlich wichtige Hoffnungsobjekte. Bei Misserfolg schreiben wir eher externale (das lag an äußeren Faktoren wie z. B. Zufall, andere beteiligte Personen, u. a.), variable (das passiert nicht immer) und weiterhin globale oder spezifische Ursachen zu.

Kognitive Aspekte wie Zuversicht und Ungewissheit können sich über die Zeit ebenso verändern, wie die Affekte. Mal sind wir zuversichtlich, unsere Ziele zu erreichen, dann wieder werden wir unsicherer. Tritt Letzteres ein, so befinden wir uns in der Nähe von Angst (vgl. Kap. 3).

Hier zeigt sich, dass selbst die bestimmte Hoffnung ein eher längerfristiges Phänomen ist. Denn wenn wir etwas Bestimmtes vermuten oder daran glauben, dann haben wir es noch nicht erreicht. Der Weg dahin kostet Zeit – mal mehr, mal weniger. Wie viel Zeit und Anstrengung wir nun wirklich brauchen, liegt an unserer (hoffentlich) realistischen Einschätzung der Situation.

Komponente	**Beschreibung**
Physiologie	Man sollte annehmen können, dass Merkmale wie beispielsweise der Grad körperlicher Erregung (Gefühl körperlicher Anspannung, kribbelig sein, Energiegeladenheit) und die Herzrate innerhalb eines positiv-angenehmen Rahmens leicht ansteigen.

Bisher zeigt sich in der Forschung, dass gerade die physiologische Komponente bei Hoffnung wenig ausgeprägt ist. Untersuchungen (vgl. Dietz, 1998, S. 134) ergaben zwar, dass wir uns zwar insgesamt gut fühlen, aber es konnten bisher keine körperlichen Charakteristika für Hoffnung ausgemacht werden, wie es bei Angst der Fall ist (vgl. Kap. 3).

Kompo-nente	**Beschreibung**
Motivation	Hoffnung motiviert das Bestreben durchzuhalten, denn Hoffnung auf Erfolg ist Teil unseres Leistungsmotivs. Die sogenannte Nettohoffnung setzt sich zusammen aus der Hoffnung auf Erfolg minus der Furcht vor Misserfolg. Sie bestimmt, ob wir im positiven Sinne leistungsmotiviert sind, oder ob wir es doch eher bleiben lassen würden. Hoffnung und Erfolg – Furcht vor Misserfolg ――――――――――― = Nettohoffnung Hoffnung hat also grundsätzlich eine positive, aktivierende Funktion. Die intrinsische Motivation (vgl. Kap. 1.1) ist erhöht, da wir das, worauf wir hoffen, als vermutlich erreichbar bewerten.

Wenn wir auf einen Erfolg hoffen, so haben wir die Motivation auf unserer Seite und können sie dazu nutzen, unsere Fähigkeiten und Fertigkeiten mit einem angemessenen Maß an Besonnenheit umzusetzen. Wenn wir hoffen, sind wir auch am ehesten bereit, Verzögerungen in Kauf zu nehmen und durchzuhalten.

Hoffen wir jedoch oberflächlich, so setzen Unmut und Ärger sehr viel eher ein und wir neigen zu „Schnellschüssen“ im Problemlösungsprozess. Wenn sich beispielsweise niedrige Gewinne abzeichnen, sind wir am ehesten geneigt, die Kosten zu senken. Oder wenn Engpässe in der Produktentwicklung auftreten, stellen wir weitere Ingenieure ein. Bei diesen Schnellschüssen gehen wir lediglich auf Symptome ein, nehmen uns aber nicht die Zeit, die Ursachen zu erforschen! Möglicherweise würde es langfristig mehr Sinn machen, im ersten Fall den Service zu verbessern und im zweiten Fall unter anderem die Produktionsteams in Punkto Kommunikation enger zusammen zu bringen.

Diese „Schnellschuss-Mentalität“ führt langfristig dazu, dass dieselben Probleme wieder auftauchen – diesmal richten sie jedoch möglicherweise größeren Schaden an. Und wieder wird oberflächlich und kurzfristig auf eine Lösung gehofft, und wieder wird schnell geschossen. Diesen Teufelskreis zu durchbrechen, würde bedeuten, langfristiger und systemisch (vgl. Kap. 9), und nicht linear im Ursache-Wirkungs-Paradigma hoffend zu denken. Vielmehr führen langfristig wahrscheinlich ganz andere Wege nach Rom, die kurzfristig sogar Verschlechterungen mit sich bringen könnten. Wenn wir aber von der oberflächlichen, sich selbst betrügenden Hoffnung Abstand nehmen könnten und damit die kurzfristigen Spannungen und Verzögerungen aushalten würden, so wären einige Probleme langfristig erstmals wirklich gelöst.

Komponente	**Beschreibung**
Verhalten	Hoffnung ist also die Basis für ein zielgerichtetes, wenn auch zunächst exploratives Handeln. Unser Durchhaltevermögen ist im Gegensatz zu negativen Emotionen positiv beeinflusst: Wir sind auf geistiger Ebene bereit, Probleme zu analysieren, Ideen dazu zu entwickeln, Strategien zu planen und schließlich zu handeln. Auf sozialer Ebene sind wir eher bereit, uns von anderen Personen unterstützen und ermutigen zu lassen.

Immer vorausgesetzt, es handelt sich um echte Hoffnung, so begünstigt sie ein tiefergehendes Problemlöseverhalten, wobei wir sämtliche uns zur Verfügung stehenden Ressourcen zu nutzen bereit sind. Wenn wir hoffen, sind wir insgesamt wesentlich bereiter

– auf unsere warnenden somatischen Marker, nennen wir es Intuition oder Bauchgefühl, zu hören,

- wir nehmen uns mehr Zeit, um ein Problem gründlich zu analysieren,
- wir holen die Annahmen von Vorgesetzten, Kollegen und Mitarbeitern ein, wenn nötig,
- wir planen, rätseln, hinterfragen, suchen,
- sind insgesamt positiv eingestellt und
- daher auch fähiger, Verzögerungen und Hindernisse auszuhalten und zu bewältigen.

2.3 Emotion oder Einstellung?

Wie sich ja bereits herauskristallisierte, sollten wir davon ausgehen, dass es sich bei Hoffnung weniger um eine Emotion als um eine Erwartungshaltung oder Einstellung gegenüber einzelnen Problemen (bestimmte Hoffnung) oder gegenüber dem ganzen Leben (generalisierte Hoffnung) handelt, wobei je nach Situation, in der wir uns gerade befinden, verschiedene Emotionen auftreten können: Wenn wir Teilerfolge erzielen, so empfinden wir schnell Freude oder/und Stolz. Bei Misserfolgen schützt uns Hoffnung davor, negative Emotionen mit erhöhter Intensität zu empfinden. Vielleicht verspüren wir leichten Ärger oder Irritation, aber wir versteigen uns weniger in Wut, Hass, Verzweiflung oder gar Hoffnungslosigkeit.

Hoffnung wird hervorgerufen durch eine subjektive Ereigniswahrscheinlichkeit mit positivem Wert (Pekrun und Frese, 1992). In unserem Kontext also durch den Glauben an die mögliche, erfolgreiche Bewältigung von Anforderungen im beruflichen Sektor, insofern wir diese als positiv und erstrebenswert für uns ansehen.

2.4 Zusammenfassung

Hoffnung scheint keine Emotion zu sein. Denn zu viele andere Emotionen können, während man auf etwas hofft, auftreten und vergehen. Außerdem ergeben sich offensichtlich keine nennenswerten körperlichen Veränderungen, die man der Hoffnung eindeutig zuordnen könnte. Daher ist eher davon auszugehen, dass Hoffnung eine erstrebenswerte Einstellung ist, die die Auftretenswahrscheinlichkeit positiver Emotionen erhöht und die Auftretenswahrscheinlichkeit negativer Emotionen mindert.

Insgesamt kann man auf bestimmte Vorstellungen hoffen (bestimmte Hoffnung), wie beispielsweise einen Urlaub in nächster Zeit. Davon zu unterscheiden ist die generalisierte Hoffnung, bei der es sich um eine allgemeinere optimistische Lebenshaltung handelt.

Weiterhin lässt sich oberflächliche von echter Hoffnung unterscheiden:

Oberflächliche Hoffnung	**Echte Hoffnung**
Auf kurzfristige Problemlösungen fixiert. Warnende somatische Marker werden ignoriert zugunsten oberflächlicher Schnellschüsse. Schlüsselsatz: „Wir machen es so, wie immer. Das wird dann schon klappen."	Tiefe Überzeugung, dass das Problem gelöst werden kann, wenn man sehr genau hinsieht und das Problem in seiner Komplexität aushält. Gründliche Suche nach Lösungen, die langfristig angelegt sind. Schlüsselsatz: „Wir sollten genauer hinschauen. Möglicherweise geht es anders besser."

Und nach *Damasio* scheint es so zu sein, dass wir sofort *spüren*, wann wir es womit bei uns selbst und bei anderen zu tun haben. Ob dies „intuitive Spüren", diese somatischen Marker funktionieren, kann ein jeder von uns sich selbst beantworten. Aber dieses ehrliche Hinhören und Hinfühlen ist manchmal recht unbequem, bedeutet es doch oft, den schwierigeren Weg einschlagen zu müssen und mehr Mühe auf sich zu nehmen. Aber dennoch – Management bedeutet, genau damit zurecht kommen zu können.

3. Angst – Eine Einführung

Glücklicherweise kristallisiert sich heraus, dass das Thema Angst in Bezug auf Führungsfragen immer weniger tabuisiert wird. Häufig steht jedoch das Anliegen im Raume: „Wie bekomme ich denn meine Ängste oder die meiner Mitarbeiter weg?“ Ängste wegzubekommen, und ein angstfreies und heiteres Leben zu führen, ist ein nur allzu verständliches Anliegen. Aber – und dieses Aber ist amtlich – wir können sie nicht „wegbekommen“. Und es macht auch keinen Sinn.

Im ersten Kapitel wurde deutlich, dass Emotionen und Denken nur im harmonischen Zusammenspiel zu sinnvollem und rationalem Verhalten führen können. Angst ist eine Emotion, die unser bestes Warnsignal abgibt, welches uns unmissverständlich darauf hinweist, dass etwas nicht stimmt, dass wir uns möglicherweise bald oder jetzt gerade in einer bedrohlichen Situation befinden. Und sie ermöglicht es uns, dieser Situation wachsam und überlegt zu begegnen.

Nehmen wir folgende Situation: In einer Vorstandssitzung eines fiktiven Unternehmens geht es um das Thema „Reorganisation des Unternehmens mit dem Ziel einer schnelleren und flexibleren Reaktionsfähigkeit auf neue Marktanforderungen“. Hier befindet sich möglicherweise eine erhebliche Anzahl unternehmensspezifischer Normen und Werte im Raum, die es zu überdenken gälte. Es ist daher zu vermuten, dass zunächst viele Vorschläge unterbreitet und besprochen werden, die ganz im Sinne der bisherigen Unternehmenskultur sind. Nach einiger Zeit äußert sich einer der Teilnehmer: „Ich befürchte, alle genannten Ansätze führen uns nicht in die richtige Richtung.“ Er begründet seine Annahme und es entsteht ein heftiges Gespräch darüber, ob denn nun überhaupt innerhalb oder auch außerhalb der Unternehmenskultur nach neuen Wegen gesucht werden sollte.

Interessanterweise wird der Begriff „Befürchtung“ nicht so sehr tabuisiert. Alle reagieren darauf tendenziell eher konstruktiv. Jedenfalls kommt eine Grundsatzdiskussion in Gang. Hätte der Teilnehmer gesagt: „Ich habe Angst, dass alle genannten Ansätze uns nicht in die richtige Richtung führen“ – wie würden die Kollegen darauf reagieren? Ihn beruhigen wollen und vielleicht im Stillen denken „Was für ein Sensibelchen. Ängste sind hier Fehl am Platze“? Der Teilnehmer meint allerdings in beiden Fällen dasselbe.

Der Begriff „Befürchtung“ ist jedoch umgangssprachlich salonfähiger, weil er mehr Ratio und Besonnenheit in sich trägt. Ängste werden eher mit Schwäche und Hilflosigkeit assoziiert. Also werden wir einen Teufel tun und unsere Ängste als solche benennen. Warum auch, wenn wir doch mit „Befürchtungen“ weniger angreifbar sind?

Im Grunde ist es aber unwichtig, welchen Namen wir im Alltag dem Kinde geben – Fakt ist, es geht um Ängste, die uns warnen und die Wahrscheinlichkeit vergrößern, dass wir die richtigen Lösungen für unsere Probleme finden.

Im Gegensatz zur Hoffnung, die als eine erfolgsorientierte Einstellung zu verstehen ist, ist Angst eine misserfolgsorientierte Emotion. Sie macht uns ihrem Wesen nach vorsichtig und weitet unseren Blick für mögliche Gefahren auf dem Weg zum Ziel. Destruktiv werden Ängste erst, wenn sie von hoher Intensität sind. Ängste mit niedrigerer Intensität sind das, was wir umgangssprachlich als Befürchtungen akzeptieren (vgl. Kap. 3.2 und 4.2).

3.1 Angstarten

Grundsätzlich kann man zwischen *Existenzängsten*, *Leistungsängsten* und *sozialen Ängsten* unterscheiden (vgl. Schwarzer, 1987).

Existenzängste umfassen Situationen, in denen wir unsere körperliche Unversehrtheit als bedroht empfinden. So durch „Unheimlichkeit“, Verletzung oder Tod. Aber auch unsere berufliche Unversehrtheit kann bedroht sein. Das kann dann beispielsweise zu Angst vor Arbeitsplatzverlust führen.

Existenzängste

Angst vor
- Arbeitsplatzverlust,
- Verarmung,
- Krankheit,
- Alter,
- Tod,
- Gewitterangst,
- Kriegsangst.

Leistungsängste kommen in für uns und unser Ego bedeutsamen Situationen auf, in denen wir Leistung erbringen und somit auch versagen könnten. Allerdings befinden wir uns dabei häufig in Situationen, in denen andere Menschen unser Versagen mitbekommen können. Auch bei Lampenfieber geht es im Kern um diese Furcht, vor den Augen anderer Menschen zu versagen. Dieser Aspekt der Bewertung durch andere Personen verbindet Leistungsangst und soziale Angst.

Leistungsängste

Angst vor
- Bewertungen,
- Prüfungen,
- Neuerungen,
- Beförderung,
- Versetzung,
- internationaler Zusammenarbeit,
- Sexualangst.

Soziale Angst stellt eine emotionale Reaktion auf zwischenmenschliche Begegnungen dar, in denen sich eine Person in ihrem Selbstwert als bedroht einschätzt. Diese Bedrohung ist in dem Moment real, wenn man erlebt, dass man von anderen nicht anerkannt oder gar abgelehnt und zurückgewiesen wird. So ist es geradezu ein Klassiker, aufgrund von sozialer Angst seine Meinung nicht frei zu äußern.

Soziale Ängste

Angst vor
– Vorgesetzten,
– Mitarbeitern,
– Kollegen,
– offener Meinungsäußerung,
– Publikum,
– dem anderen Geschlecht.

Die Grenzen zwischen den drei Großklassen sind also fließend. Aus der o. g. Gemeinsamkeit zwischen Leistungsängsten und sozialen Ängsten ergeben sich letztlich auch manche Existenzängste, wie zum Beispiel die Angst vor dem Arbeitsplatzverlust und damit einhergehend die Angst vor sozialem Abstieg und Verarmung.

3.2 Selbstaufmerksamkeit

Leitungsängste und soziale Ängste können wir noch genauer fassen, wenn wir uns die Begriffe der sogenannten privaten und der öffentlichen Selbstaufmerksamkeit anschauen (Buss, 1980, in Euler/Mandl, 1983):

Private Selbstaufmerksamkeit

Im Zustand der privaten Selbstaufmerksamkeit richten Sie Ihre Aufmerksamkeit auf eigene innere Aspekte, was zu einer Intensivierung der Gefühle einerseits, aber uns auch zu einer guten Kenntnis über Sie selbst und Ihre Persönlichkeit andererseits führt.

Niemand anderes als jeder einzelne von Ihnen selbst kann dies direkt erleben. Hier sind im Übrigen die Leistungsängste zuhause: Die nach innen gerichteten Grübeleien über die eigene Unfähigkeit, über den eigenen körperlichen und seelischen Zustand, über möglichen Schaden bei Versagen und vieles mehr intensiviert unsere Angst vor dem Versagen.

Öffentliche Selbstaufmerksamkeit

Im Zustand der öffentlichen Selbstaufmerksamkeit glauben wir uns als soziales Objekt beobachtet und bewertet.

Der Zustand der öffentlichen Selbstaufmerksamkeit ist daher zentraler Bestandteil von sozialen Ängsten. Besonders in Situationen, wo wir vor Publikum etwas tun sollen, beispielsweise einen Vortrag halten, richten wir unsere Aufmerksamkeit verstärkt auf die Reaktionen der anderen und denken darüber nach, welchen Eindruck wir wohl auf die anderen machen. Wir sehen uns selbst stärker als sonst durch die Augen der anderen. Jeder noch so winzige Fehler wird dadurch wie durch eine Lupe vergrößert und erhält so eine übergroße Bedeutung für uns.

3.3 Verlauf und Definition

Die Angst wird umso größer, je weniger wir im Vorfeld daran glauben, erfolgreich sein zu können. Wir denken vermehrt in die Richtung, dass wir möglicherweise keine Kontrolle über die Situation erlangen werden (Kontrollverlustdenken). Und je größer diese Angst ist, desto mehr richten wir unsere Aufmerksamkeit nach außen (öffentliche Selbstaufmerksamkeit) oder grübeln nach innen gerichtet über unsere eigene Unzulänglichkeit nach (private Selbstaufmerksamkeit) – jedenfalls ziehen wir unsere Aufmerksamkeit von der zu lösenden Aufgabe ab und regen uns innerlich auf.

Physische Aufgeregtheit (EMOTIONALITY, vgl. Kap. 1.2.2) tritt verstärkt zu Beginn von Prüfungen aller Art und anderen als bedrohlich bewerteten Situationen auf und flacht dann in deren Verlauf ab. Ergo kann nicht sie es sein, die zu den Leistungsverschlechterungen führt. Da muss schon etwas mehr in uns passieren.

Es ist daher eher die gedankliche Selbstzentriertheit (WORRY, vgl. Kap. 1.2.2), also die Ausrichtung unserer Aufmerksamkeit weg von der Anforderung und hin in unser inneres gedankliches Bedrohungserleben, welche zu Leistungsverschlechterungen führt! Der WORRY-Aspekt des Angsterlebens vermindert sich über die gesamte stressende Situation hinweg auch nicht maßgeblich.

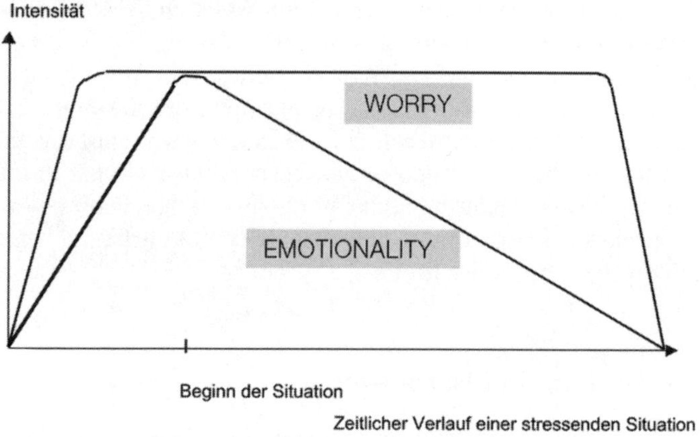

Abb. 2: Verlauf von Worry und Emotionality in einer stressenden Situation

Die WORRY-EMOTIONALITY-Skalen (WES; Liebert und Morris, 1967) beschreiben die gedanklichen Inhalte bei WORRY in Bezug auf Angst genauer:

- Sich wenig zuversichtlich fühlen hinsichtlich der Leistung.
- Sich stark sorgen.
- Darüber nachdenken, wie viel besser die anderen sind.
- Darüber nachdenken, welche Konsequenzen Misserfolg hat.
- Sich nicht ausreichend vorbereitet fühlen.

EMOTIONALITY-Inhalte sind:

- Sich aus Nervosität nicht an Fakten erinnern.
- Schnell klopfendes Herz.
- Übelkeit.
- Aufgeregtheit.
- Panik.

Zentral für alle denkbaren Ängste ist das gedankliche Spiel mit *eventuellem Kontrollverlust*. Wenn wir Angst vor etwas haben, so deshalb, weil wir uns *nicht sicher* sind, ob wir eine Situation, deren erfolgreiche Bewältigung für unseren Selbstwert von Bedeutung ist, unter Kontrolle bekommen oder eben nicht. Per Definitionem sähe das so aus:

> „Angst ist ein Spezialfall eines Erregungs- und Spannungszustandes mit spezifischen körperlichen und psychischen Empfindungen. Sie ist gekennzeichnet durch gedankliche Vorwegnahme, aktuelle Empfindung oder Erinnerung einer subjektiv bedeutsamen realen oder vorgestellten Unsicherheit (...) bzw. Bedrohung (Versagen, Schmerz, Gefahr) im weitesten Sinne und wird in der Regel durch gelernte Hinweisreize ausgelöst. Angst neigt zur Generalisierung (d.h. Ablösung von den ursprünglich angstauslösenden Ereignissen und Koppelung mit an und für sich unbedrohlichen Reizen) bis hin zur Verselbständigung im Sinne einer generellen Verhaltenstendenz." (Rost und Haferkamp 1979, S. 3)

Das Prinzip der Generalisierungstendenz von spezifischer Angst hin zu frei flottierender Angst lässt sich bei den meisten Emotionen finden. Auch Hoffnung kann zu ungebremstem und illusorischem Optimismus ausarten (vgl. Kap. 2.1).

Wichtig ist, dass frühere ängstigende Situationen als Erinnerungen „gelernt" wurden, und wir dazu tendieren, diese Erinnerungen wieder hervor zu kramen – manchmal zu Recht, manchmal zu Unrecht. Es gilt daher immer, unsere Bewertungen von Situationen auf ihren Realitätsgehalt hin zu überprüfen, um zu erkennen, ob sie wirklich bedrohlich sind oder ob wir es mit einer Herausforderung zu tun haben, die eigentlich zu Hoffnung Anlass gibt.

Meines Erachtens gibt es so etwas wie eine Kollektivangst in Unternehmen. Jedes Unternehmen hat Angst davor, Marktanteile zu verlieren oder womöglich gänzlich von der Bildfläche zu verschwinden. Diese – ich nenne sie der Einfachheit halber Unternehmensangst – prägt jedwede Unternehmenskultur zu einem guten Teil. Dabei hat jedes Unternehmen grundsätzlich zwei Möglichkeiten: Erstens kann es Ängste negieren, beziehungsweise sich ihnen – kurz gesagt – nicht stellen. Ein autoritärer Führungsstil ist dazu gut geeignet. Zweitens kann es sich mit den Ängsten befassen, sie thematisieren und das positive Moment der Angst – die Alarmfunktion – für sich entdecken. Ein situativer Führungsstil ist daher hilfreich, Dialoge über Befürchtungen angemessen und konstruktiv zu führen (vgl. Kap. 6).

3.4 Angst und ihre Inhalte

Angst ist ein Phänomen, dem in der Emotionspsychologie einhellig der Status einer Emotion zugeschrieben wird. *Mayring* (1992) beschreibt Angst als eine negative Erwartungsemotion und *Arnold* (1960) schreibt ihr sogar den Status einer Basisemotion zu.

Die Theorien und Forschungen zum Thema Angst sind äußerst umfangreich, so dass es nicht schwer fällt, unsere fünf Emotionskomponenten dahingehend zu füllen:

Komponente	**Beschreibung**
Affekt	Affektive Indikatoren lassen sich zusammenfassend als „unangenehmer Gefühlszustand“ beschreiben. Begriffe wie „Hilflosigkeit“, „Unsicherheit“, „Unruhe“, „Anspannung“, „Nervosität“, „Beengung“, beschreiben die affektive Seite der Angst. Dem kann noch ein Unlustgefühl und die reine Erregung hinzugefügt werden.
Kognition	Angst ist bestimmt durch Kognitionen, die sich mit der gefährlichen Situation und mit der eigenen Handlungskompetenz-, beziehungsweise -kontrolle, auseinandersetzen. Je höher der Angstgrad, desto mehr richtet sich die Aufmerksamkeit auf das Selbst, und nicht mehr ausreichend auf die zu lösende Aufgabe. Periphere Informationen, die für die Aufgabenlösung von Bedeutung sein können, finden dann nur noch wenig Beachtung (Christianson und Loftus, 1991).

Kognitive Inhalte beziehen sich in der Hauptsache auf die persönlich bedeutsame Wahrscheinlichkeit von Misserfolg und den Verlust von Werten jeder Art, die für unser Ego wichtig sind (Sörensen, 1994, S.107). Das bedeutet, wir denken an die negativen Konsequenzen von Misserfolgen. Diese negativen Konsequenzen sind verbunden mit dem Verlust von für uns wichtigen Gegebenheiten, die uns ansonsten aufgewertet hätten, sei dies Lob, Anerkennung, Karrierechancen, oder gar unser Arbeitsplatz.

Weiterhin beziehen sich unsere kognitiven Inhalte auf die Einschätzung der Ungewissheit und der eigenen Bewältigungs(un-)möglichkeiten (Lazarus, 1991), beziehungsweise auf den möglichen Kontrollverlust, und nicht zuletzt auf die Mehrdeutigkeit, die ein führendes Charakteristikum angstauslösender Situationen ist: Wir kennen die Situation nicht genau genug, um uns völlig darüber im Klaren zu sein, wie wir uns am besten verhalten sollten, um Erfolg zu haben.

Seligman (1986, S. 51 f.) beschreibt das Bedürfnis, Angst und Hilflosigkeit zu vermeiden, als das Bedürfnis nach Kompetenz: Wir wünschen uns in ängstigenden Momenten nichts mehr, als unsere Bewältigungsmöglichkeiten beziehungsweise Kompetenzen, die in dieser Situation vonnöten wären, zu erkennen und – vorausgesetzt, wir besitzen, was wir brauchen – auch einzusetzen, um die Angst endlich überwinden zu können.

Komponente	**Beschreibung**
Physiologie	Auf dieser Ebene dienen die Veränderungen des Organismus der Bereitschaft, auf bedrohliche Situationen schnell mit Flucht oder Angriff zu reagieren (Alarmbereitschaft). Es entsteht eine Aktivierung des autonomen Nervensystems. Dies bewirkt Blutdruckerhöhung, Erhöhung der Atemfrequenz, Erblassen, erhöhte Schweißsekretion, Gefäßerweiterung der tätigen Organe (z. B.: Herz), verminderte Magen-Darm-Tätigkeit (Dietz, 1998, S. 38). Es ergibt sich unter anderem eine verstärkte Ausschüttung von Adrenalin und Noradrenalin, mit der Wirkung, den Körper in eine erhöhte Reaktionsbereitschaft zu versetzen. Motorische Charakteristika für einen Angstzustand sind: – Hoher Spannungszustand der Muskulatur bis hin zu Verkrampfungen; – Händezittern; – gesteigerte Reflexe; – Sprachstörungen, z. B. Stottern. Bezüglich der Mimik geht Angst einher mit horizontalen Stirnfalten, weit geöffneten Augen, sowie geöffnetem Mund mit zurückgezogenen Mundwinkeln und gespannten Lippen (Izard, 1981).

Alle diese körperlichen Merkmale von Angst weisen darauf hin, dass unser Körper in erhöhter Alarmbereitschaft ist, um den bedrohlichen Aspekten entweder zu fliehen oder ihnen zu begegnen. Letzteres setzt voraus, dass wir irgendeine Chance sehen, die Bedrohlichkeiten durch eigenes Tun doch noch verändern oder aus der Welt schaffen zu können.

Komponente	**Beschreibung**
Motivation	Wie die physiologische Komponente bereits andeutet, wird die angstauslösende Situation – je nach Angstgrad – gesucht oder vermieden. Angst kann also sowohl adaptiv als auch disruptiv (störend) wirken. Es ist ein erhöhtes körperliches Erregungs- und Aktivierungsniveau im Sinne einer motivierenden inneren Anspannung gegeben (Spence und Spence, 1966, in: Sörensen, 1994, S. 107), das der schnellen Annäherungs- oder Vermeidungsreaktion dient.

Nach *Pekrun* (1992) reduzieren höhere Angstgrade die intrinsische Motivation (vgl. Kap. 1.1). Es geht uns also nicht mehr darum, uns mit Aufgaben oder Problemen zu befassen, weil wir uns dafür interessieren oder weil wir Freude daran haben. Die intrinsische Motivation kann sogar, im Falle von starker Prüfungs- oder Leistungsangst, ganz blockiert sein, was eine Sperre bezüglich der Aufgabenlösung bewirkt. Angst verstärkt darüber hinaus die vermeidungsbezogene extrinsische Aufgabenmotivation. Damit ist gemeint, dass wir motiviert sind, Sanktionen oder andere Arten von Schaden zu vermeiden. Hierbei setzen sich wenigstens noch Mechanismen zur Misserfolgsvermeidung in Gang.

Typische Beispiele hierfür finden sich durchaus im beruflichen Alltag: Beispielsweise könnte es passieren, dass der Vorgesetzte einer Abteilung befördert wird. Der neue Vorgesetzte führt logischerweise anders. Nehmen wir einmal an, er führt temporeicher und autoritärer, kommuniziert aber seinen Führungsstil zu Beginn zu wenig innerhalb der Abteilung. Wenn die Mitarbeiter nun nicht schnell genug entscheiden, tut er es für sie. Darüber hinaus ist unklar, ob die Abteilung bezüglich ihrer Personaldecke so bleibt oder ob sie dünner werden könnte. Auch hier wird seitens der neuen Führungskraft wenig kommuniziert.

Es baut sich ein gehöriger Druck auf, und die Mitarbeiter haben kaum Zeit, sich an dem neuen Führungsverhalten zu orientieren. Sie zögern zunächst bei den Entscheidungsfindungen und fühlen sich durch die unklare Personalpolitik zusätzlich bedroht. Die intrinsischen Momente ihrer Motivation – Interesse oder Spaß an der Arbeit – spielen kaum mehr eine Rolle. Der Angstgrad steigt und die extrinsische Vermeidungsmotivation regiert zunehmend das Feld. Die meisten Mitarbeiter sind bemüht, bedrohliche Konsequenzen, allen voran eine mögliche Versetzung oder gar Kündigung, zu vermeiden. Daher werden sie zunehmend versuchen, schnelle Entscheidungen treffen. Die Leistungsqualität vermindert sich dann zu Gunsten der Leistungsquantität.

Komponente	**Beschreibung**
Verhalten	Niedrige Angstgrade können das Aufgabenlösungsverhalten positiv unterstützen, da sie eine Ausrichtung der Aufmerksamkeit auf aufgabenlösungsrelevante Kognitionen weit eher zulassen, als hohe Angstgrade. Bei niedrigen Angstgraden kann konzentriert und zielgerichtet gehandelt werden. Organisiertes und strukturiertes Problemlösen ist möglich. Bei höheren Angstgraden jedoch besteht eine Tendenz zu unkoordiniertem, ziellosem Handeln oder zu Vermeidungsverhaltensweisen, denn die Aufmerksamkeit richtet sich auf selbstzweiflerische und misserfolgsorientierte Themen. Man vermeidet dies und das und am besten lässt man es ganz, weil man meint, es ja sowieso nicht schaffen zu können. Ein gestörtes Problemlöseverhalten wird auf diese Weise immer wahrscheinlicher.

Es wurde deutlich, dass wir zwischen niedrigen und hohen Angstgraden- oder -intensitäten unterscheiden müssen. Angst ist demnach nicht generell eine Emotion, die zu Leistungsverschlechterungen führt. Dies tut sie nur dann, wenn sie von eher hoher Intensität ist und die zu lösende Aufgabe darüber hinaus einen hohen Schwierigkeitsgrad hat und von hohem persönlichem Wert für eine Person ist!

Allerdings sollten wir insofern Vorsicht walten lassen, als dass Angst eine Sache der individuellen Lern- und Erfahrungsgeschichte ist. Und genauso sind auch Emotionsintensitäten eine Sache der Individualität. Der eine reagiert auf ein bevorstehendes Kritikgespräch mit starker Angst, der andere mit milder Besorgnis. Individuelle Ausprägungsgrade von Emotionen hängen unter anderem davon ab, wie unsere persönliche Lebens- und damit Lerngeschichte vonstatten gegangen ist und welches Selbstkonzept und Selbstwertgefühl (vgl. Kap. 5) sich daraus entwickelt haben mag. Letzteres basiert auf einer Unzahl von Entwicklungsfaktoren: Unsere elterliche und schulische Erziehung, Ausbildungsstand, der Freundeskreis, persönliche positive und negative Lebensereignisse wie Partnerschaft, beruflicher Erfolg, Tod, Krankheit, und vieles mehr.

3.5 Angst und Abwehr

Wir Menschen tendieren zu dem Versuch, innerlich oder äußerlich das abzuwehren, was uns bedrohlich oder/und unerträglich erscheint. Dazu gehören vor allem unangenehme Vorstellungen und die damit verbundenen Emotionen, wie Angst, Wut, Hass, Neid, etc. Abwehren können wir zum einen bewusst und zum anderen unbewusst.

Bewusste Angstabwehrtechniken sind:

Angriff

Insofern wir uns durch Personen oder Situationen bedroht fühlen, können wir diese angreifen, um sie unschädlich zu machen. Etwas fragwürdig und langfristig wenig erfolgversprechend wird diese Taktik allerdings in Bereichen des sozialen Miteinanders.

Wenn beispielsweise ein neuer Kollege in die Abteilung kommt und wir befürchten, dass dieser uns womöglich „das Wasser abgraben" könnte, sind wir gelegentlich dazu geneigt, „auf Angriff zu schalten". Angemessener wäre sicherlich, uns zu fragen, wie wir mit diesem Kollegen eine effiziente Zusammenarbeit erreichen könnten, um letztlich unsere eigene Arbeitsweise zu optimieren.

Oder wenn beispielsweise der Führungsstil eines Vorgesetzten von den Mitarbeitern kritisiert wird, macht es für ihn wenig Sinn, die Zügel noch stärker anzuziehen. Sinnvoller wäre es, sich der Kritik zu stellen, ohne sich zwangsläufig zu rechtfertigen, und im Sinne eigener Entwicklungschancen zu schauen, was man besser machen könnte.

Verteidigung

Nehmen wir noch mal den Fall der kritisierten Führungskraft. Möglicherweise erkennen wir, dass Angriff nicht die beste Verteidigung ist. Daher können wir unsere Position dadurch zu sichern suchen, dass wir uns durch Begründungen verteidigen. Das könnte zum Beispiel so aussehen: „Es kann nicht angehen, dass Sie meinen Führungsstil kritisieren, wenn Sie erkennen lassen, dass Sie ohne klare Anweisungen und ständige Kontrolle nicht funktionieren."

Wir tendieren ständig dazu, uns zu verteidigen, so zum Beispiel in Besprechungen, aus Angst vor Gesichtsverlust. Das Problem dabei ist, dass wir uns damit oft der Realität verschließen und eventuelle Verbesserungsmöglichkeiten unserer Arbeitsweisen nicht erkennen (wollen).

Flucht

Flucht und Verdrängung sind eng verwandt. Insofern wir rein räumlich vor bedrohlichen Situationen oder Personen fliehen – sei es durch Kündigung, sei es durch Versetzung oder das aus dem Weg gehen – ist klar, was Flucht meint.

Wenn es um innerliche Flucht geht – sei es durch innere Kündigung, durch Drogen, Beruhigungs- oder Schmerztabletten oder Alkoholkonsum –, so hat dies immer auch mit Verdrängung zu tun. Diese Art von Flucht dient jedenfalls immer der Dämpfung negativer Emotionen und/oder körperlicher Symptome. Letztere können allerdings durchaus Ausdruck von zuviel Stress und damit auch Ängsten sein. Verspannungen, Neuralgien, Magen-Darm-Krankheiten und vieles andere haben durchaus damit zu tun. Unter Stress sind aber nicht unbedingt gelegentliche Belastungsspitzen zu verstehen. Diese sind in Arbeitsprozessen durchaus akzeptabel. Erst durchgängige starke Belastungen verursachen langfristig seelische und/oder gesundheitliche Schädigungen und sind damit seitens der Unternehmensführung zu vermeiden.

Anlehnung

Dies ist bedauerlicherweise ein ebenfalls recht gängiges Abwehrverhalten. Der Bedrohte lehnt sich an den Bedroher an in der Hoffnung, so die Gefahr für sich zu minimieren. Diese Art der Anbiederung ist jedoch allzu leicht durchschaubar und ändert wenig an dem Verhalten des Bedrohers. Im Gegenteil – dieser fühlt sich in seiner Machtposition gestärkt und eine Angstherrschaft setzt ein.

Die Wahrscheinlichkeit, auf eine solche Konstellation zu treffen, ist besonders hoch bei einem autokratischen und autoritären Führungsstil. Anlehnung kann ebenfalls auftreten, wenn gemobbt wird. Der Gemobbte kann versuchen, aus seiner Situation zu entfliehen, indem er sich dem Mobber anpasst und ihn regelrecht sympathisch findet.

Überlassung

Sie beschreibt eine Haltung, die mit Inaktivität zusammenhängt. Aus Angst vor schädigenden Konsequenzen tendieren wir dazu, anderen formellen oder informellen Führern die Entscheidung zu überlassen, was in einer bedrohlichen Situation zu tun ist. Gelegentlich macht diese Haltung auch Sinn. So beispielsweise, wenn wir in unserem verzwickten Rechtssystem einen Anwalt benötigen, um zu unserem Recht zu kommen.

Weniger Sinn macht es, wenn Mitarbeiter wider besseren Wissens konstruktive Kritik an Unternehmenszielen *immer* den Führungskräften überlassen. Es ist häufig erkennbar, dass die Mitarbeiter die Spezialisten sind, wenn es um die Realisierungsmöglichkeiten von Zielen schlechthin geht. Und so könnten und sollten sie in den entsprechenden Foren, wie beispielsweise einer Betriebsversammlung, diese auch selbst ansprechen.

Koalition

Koalitionen treten vor allem dann auf, wenn es um Vertuschungen und Vermeidungen von negativen Konsequenzen aller Art geht. Wenn mehrere Personen wissen, dass etwas nicht so ganz mit rechten Dingen zugegangen ist, können sie sich stillschweigend zusammenschließen und die Angelegenheit unter dem Teppich halten. Insofern bilden sie eine informelle Interessengemeinschaft, um Konflikten aus dem Weg zu gehen und somit persönliche schädliche Konsequenzen zu vermeiden.

Ein aktuelles Beispiel dafür könnte die Handhabung der BSE-Problematik seitens der verantwortlichen Personen aus Politik und Wirtschaft sein, denen das Thema bereits seit den späten 80er Jahren bekannt gewesen sein dürfte. Der Schaden für Politik, Wirtschaft und Bevölkerung war zwar aufgeschoben aber ganz und gar nicht aufgehoben. Andere

Koalitionen, die immerhin gelegentlich geahndet werden, stellen die sogenannten Frühstückskartelle dar.

Leider finden sich solche Interessengemeinschaften auch innerhalb von Unternehmen. So ist es denkbar, dass Fehlplanungen von Projekten – zum Beispiel durch vorheriges schlechtes Schnittstellen-Missmanagement – erst in der Realisierungsphase ihre negativen Auswirkungen entfalten. Denkbar ist auch, dass diese Planungsschwächen bereits früh bekannt waren, aber aus o.g. Gründen „wegkoaliert" wurden. Aber es reicht bereits eine defizitäre Teambildung (vgl. Kap. 7), um zu solchen Phänomenen zu gelangen.

Fakt ist, dass ungelöste Probleme nicht aufhören, zu existieren. Sie kommen als kraftvolles Konfliktpotential zurück und kosten uns in der Behebung dann weit mehr Zeit, Geld und persönliche Existenzen, als uns lieb sein kann.

Unbewusste Angstabwehrtechniken (vgl. Sörensen, 1994, S. 87 ff.) sind:

Verdrängung

Sie ist ein bedeutender Spezialfall der unbewussten Abwehr. Wenn wir ängstigende Erinnerungen oder vor uns liegende Bedrohungen verdrängen, so tun wir dies aktiv und ergo willentlich. Die ängstigenden Inhalte werden ins Unbewusste zurückgedrängt.

Regression

Diese ist der unbewusste Versuch, eigenen Ängsten zu entgehen, indem die Person sich in frühere Entwicklungsstadien mit unreiferen Verhaltensmustern zurückzieht. Diese „Kindlichkeit" ist häufig in Kritikgesprächen zu erkennen, wenn der Kritisierte sich nicht mit der Kritik abfindet oder offensichtlich auf ihn zurückführbares Verschulden vehement abstreitet und anderen Personen oder Umständen zuschreibt (externaler Denkstil).

Reaktionsbildung

Sie beschreibt die Umkehrung von Gefühlen in ihr Gegenteil. So kann aus einer großen Liebe ebenso großer Hass werden und umgekehrt. Im Grunde ist diese unbewusste Angstabwehr mit der bewussten Anlehnung verwandt: Wenn sich bedrohte Personen an den Bedroher anlehnen, so letztlich mit dem unbewussten Ziel, die intensiven, negativen Emotionen durch eine Illusion von Sicherheit, die ja durch bewusste Anlehnung entsteht, in erträgliche, positive Emotionen umzuwandeln.

Isolierung

Hierunter ist die Abtrennung unlustvoller Gedanken und Erinnerungen vom ansonsten akzeptablen Kontext zu verstehen. Wenn in einem Gespräch mit dem Vorgesetzten, das ausschließlich positiv verläuft, ein einziger Kritikpunkt von diesem geäußert wird, so kann der Mitarbeiter diesen einen Kritikpunkt isolieren und so aus seiner Erinnerung an dieses Gespräch löschen.

Ungeschehen machen

Man versteht darunter den Impuls einer Person, eine Handlung, die sie „im Affekt" ganz gegen ihre bestehenden ethischen und moralischen Einstellungen dennoch ausgeführt hat, wie beispielsweise Schläge, Schreien, Drohungen, im Anschluss durch besonders positives Verhalten ungeschehen zu machen.

Introjektion

Sie liegt vor, wenn eine Person sich Verhaltensweisen oder Gedankengut anderer Menschen zu eigen macht beziehungsweise verinnerlicht, d. h., sich ebenso verhält oder dieselben Einstellungen äußert. Identifikation ist der uns eher bekannte Begriff für diesen Abwehrmechanismus.

Auch hier besteht wieder eine Verwandtschaft mit Anlehnung und Reaktionsbildung (s.o.). Der unbewusste Akt, mich mit den inneren und äußeren Werten des Bedrohers zu identifizieren, erleichtert die bewusste Anlehnung und somit auch die Umkehrung meiner Angst in Erleichterung und Hoffnung.

Projektion

Eigene, unbewusste Gedanken, Gefühle oder Wünsche werden einer anderen Person oder einem Objekt zugesprochen, nicht aber sich selbst. So kann ein eher „weicher" Verkäufer seinen Kollegen zu aggressiveren Verkaufsstrategien ermutigen. Allerdings würde er selbst diese für sich nie in Anspruch nehmen.

Verkehrung ins Gegenteil

Zur Verarbeitung traumatischer Erlebnisse kann eine Person Anteile des Erlebnisses introjizieren, indem sie sich mit bestimmten Merkmalen des Erlebnisses identifiziert. So kann beispielsweise ein Mitarbeiter, der von einem Kollegen oder Vorgesetzten intensiv gemobbt wird, dessen Eigenschaften oder Verhaltensweisen übernehmen. Damit wandelt er sich vom Gemobbten zum Mobber.

Sublimierung

Wenn eine Person den Trieb zu gesellschaftlich sanktionierten Verhaltensweisen in sich spürt, so kann sie diesen Impuls durch sozial akzeptierte Ersatzhandlungen befriedigen. Beispielsweise ist es in unserer Gesellschaft schlecht möglich, jemanden dazu zu zwingen, seine Arbeit zu tun, indem man ihn in seinem Büro einsperrt. Allerdings ist es durch Anerkennung und angemessene Vergütungsstrategien durchaus möglich, zum selben Ziel zu kommen.

3.6 Zusammenfassung

Angst ist als Alarmsignal ein überlebensnotwendiger Hinweis, so dass wir genauer hinschauen sollten, welcher Art die Bedrohung ist und wie wir sie ergo beheben können.

Wir sollten vor allem beachten, dass Angst in niedriger oder mittlerer Intensität nicht zwangsläufig negativ auf Arbeitsergebnisse wirken muss. Erst in hohen Intensitäten kann sie schädlich für Problemlösungen und Arbeitsabläufe jeder Art werden.

Der eigentlich leistungsverschlechternde Anteil von Ängsten liegt im Bereich der privaten und der öffentlichen Selbstaufmerksamkeit. Dahinter liegt das Prinzip, dass die Aufmerksamkeit von den eigentlichen Problemlösungsaspekten abgezogen wird und auf eigene innere Aspekte (private Selbstaufmerksamkeit) gelenkt wird. Weiterhin besteht die Tendenz, die Aufmerksamkeit darauf zu richten, wie andere Personen einen selbst wohl wahrnehmen mögen (öffentliche Selbstaufmerksamkeit).

Es ist maßgeblich, *wie* wir mit Ängsten umgehen, unabhängig davon, welcher Art sie denn nun sein mögen – ob soziale Ängste, Leistungsängste oder Existenzängste. Bewussten und unbewussten Abwehrmaßnahmen sollte durch eine Unternehmenskultur begegnet werden, welche die Kommunikation darüber in angemessenem Maße ermöglicht und somit effizienten und weitsichtigen Problemlösungen Tür und Tor öffnet. Denn für jede Unternehmensführung sind Ängste äußerst wichtige Hinweise auf ungelöste oder in der Entstehung begriffene Probleme und Bedrohungen.

Ängste an sich sind keine Schwäche – wohl aber Missachtung von Ängsten.

4. Hoffnung, Angst und Leistung – Zusammenhänge

Es ist bis heute nicht möglich, ein einheitliches und wissenschaftlich in allen Belangen abgesegnetes Bild über die Wirkungsweise von Emotionen auf die Leistung zu zeichnen. Die Vielfalt und die variierenden Intensitäten unserer Gefühle lassen dies vorerst nicht zu.

Bei Hoffnung haben wir es mit einer prospektiven, positiven, aktivierenden Einstellung zu tun, die auf unsere Leistung förderlich wirkt. Bei Angst haben wir es mit einer prospektiven, negativen, aber eher aktivierenden Emotion zu tun. Ihre Auswirkungen auf die Leistung sind nicht durchweg so eindeutig negativ, wie wir es gerne sähen, wenngleich es sicherlich richtig ist, insgesamt davon auszugehen, dass Angst unserer Leistungsfähigkeit tendenziell eher hinderlich ist.

Man kann zwischen folgenden Emotionsklassen unterscheiden:

Tab. 6: Emotionssystematik nach Pekrun (2000)

1. Positive aktivierende Emotionen.	Freude, Hoffnung, Stolz.
2. Negative aktivierende Emotionen.	Ärger, Angst, Scham.
3. Negative deaktivierende Emotionen.	Hilf- bzw. Hoffnungslosigkeit, Langeweile.

Für deaktivierende, negative Emotionen ist das Leistungsbild wiederum eindeutiger. Beispielsweise Hoffnungslosigkeit wirkt sich mit ihrem resignativen und kraftlosen Wesen eindeutig negativ auf unsere Leistung aus.

Besonders unsere durch Emotionen eingefärbten Denkstile wirken sich auf die Leistungsqualität und -quantität aus. Daher werden sie für Hoffnung und für Angst gesondert dargestellt (vgl. Kap. 4.2.1 und 4.3.1).

4.1 Emotionen und Leistung

Emotionen, Motivation und Leistung stehen in einem simplen Zusammenhang: Ohne Emotionen keine Motivation, ohne Motivation keine Leistung. Dem vorgeschaltet ist allerdings das Ursachenfeld Stress, denn unsere Emotionen bedürfen stressender Situationen, um die eine oder andere Ausprägung zu erhalten. Ein weiteres wichtiges Ursachenfeld für unsere Emotionen ist unser Selbstkonzept. Je nachdem, wie wir uns selbst einschätzen, reagieren wir auch emotional auf Situationen. Das zugrundeliegende Schema ist in Abb. 3 zu sehen.

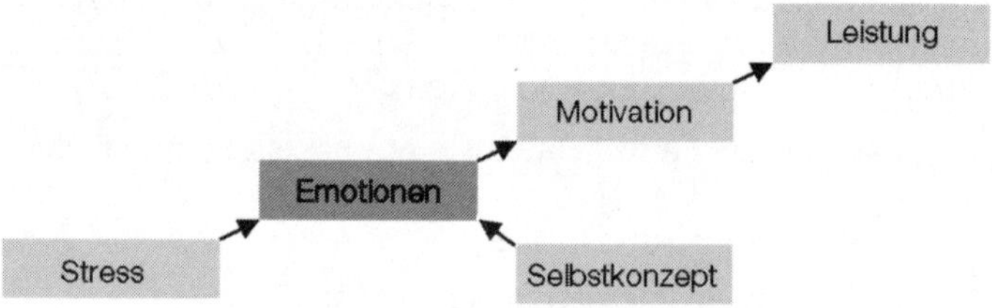

Abb. 3: Allgemeiner Zusammenhang zwischen Stress, Selbstkonzept, Emotionen, Motivation und Leistung

Positiver oder negativer Stress, respektive die als solche von uns wahrgenommene Situation, und unser ureigenes Ego als Ursachenfelder von Emotionen sei hier noch zurückgestellt und in Kapitel 5 beleuchtet. Im Folgenden geht es nun um die Zusammenhänge zwischen Hoffnung, Angst und Leistung. Dazu sind zunächst einige Worte zum Thema Leistung und Leistungsfähigkeit vonnöten.

Der *Leistungsbegriff* sollte ausdifferenziert werden in die Begriffe Leistungsmenge, beziehungsweise -quantität und Leistungsgüte, beziehungsweise -qualität. Wir können einerseits mengenbezogen viel oder wenig leisten, aber die Qualität unserer Leistung muss damit nicht gemeint sein. Die Leistungsqualität ist aber nicht unabhängig von der Leistungsquantität, denn je mehr ich pro Zeiteinheit leisten muss, desto schlechter wird die Qualität meiner Leistungsergebnisse werden. Erhebt sich also die Frage an jede Führungskraft, worauf sie Wert legen sollte in Bezug auf die Leistung ihrer Mitarbeiter. Denn oftmals geht die erwartete Leistungsquantität der Mitarbeiter auf Kosten der Leistungsqualität oder umgekehrt.

So kann ein Unternehmen auf den Vertrieb Druck ausüben, was die kurzfristige Steigerung des Umsatzes angeht, indem die Kundenaquise angekurbelt wird. Insofern würde der Leistungsmenge hierbei Genüge getan. Möglicherweise wäre es jedoch zusätzlich sinnvoll, kurzfristige Umsatzeinbußen zugunsten eines verbesserten Kundenservices – der Leistungsqualität also – in Kauf zu nehmen und damit eine langfristigere Umsatzsteigerung zu erzielen.

4.2 Hoffnung und Leistung

Wir wissen bereits, dass Hoffnung eine aktivierende positive Einstellung ist, die mit erhöhter intrinsischer und extrinsischer Motivation (vgl. Kap. 1.1) einher geht. Wenn ich auf eine Beförderung am Arbeitsplatz oder auf eine angemessene Gehaltspolitik im Unternehmen hoffen kann, wenn in und zwischen den Abteilungen, meinen Kolleginnen und Kollegen, meinem Vorgesetzten und mir eine angemessene Atmosphäre besteht, in der gegenseitiges Hilfeverhalten ebenso gelebt wird wie konstruktive Kritik und Offenheit – all dies sind extrinsische Motivatoren – dann kann meine intrinsische Motivation, sprich meine Arbeit aus inneren Bedürfnissen heraus zu tun, etwa, weil es mir Spaß macht oder weil es mich interessiert, deutlich erhöht sein.

Und damit steigt auch meine Bereitschaft, mich für die Sache anzustrengen, meine Aufmerksamkeit richtet sich auf die zu bewältigenden Probleme im Tagesgeschäft und auf den Abgleich zwischen dem Erreichten und dem eigentlichen Ziel. Meine Leistungsfähigkeit steigt und die Wahrscheinlichkeit eines qualitativ und quantitativ hochwertigeren Leistungsergebnisses ist dadurch größer.

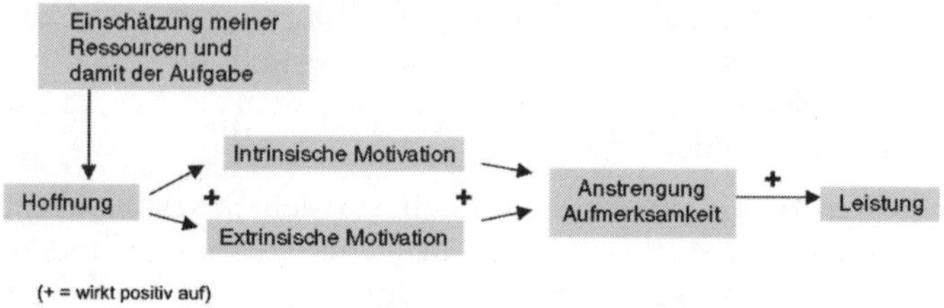

Abb. 4: Zusammenhänge zwischen Hoffnung, Motivation, Leistung.

Die Zusammenhänge zwischen Hoffnung und Leistung sind also überschaubar: Als auf Erfolg hoffender Mensch bin ich intrinsisch und extrinsisch positiv motiviert, ich bin bereit, mich anzustrengen und ich nutze recht flexibel die mir zur Verfügung stehenden Arbeits- und Problemlösestrategien, um zum Erfolg zu gelangen. Diese Haltung macht das Eintreten vom erhofften Erfolg wesentlich wahrscheinlicher.

Selbst nach einem Misserfolg – einer misslungenen Präsentation etwa – werde ich als hoffender Mensch nicht so schnell demotiviert sein und mich weniger anstrengen. Im Gegenteil. Ich bin eher bereit, mich mit dem Misserfolg auseinander zu setzen. Ich hinterfrage meine Fehler und suche sie in Zukunft zu vermeiden. Anstrengung und Aufmerksamkeit wenden sich auf zukünftige Projekte und ich bin motiviert, es besser zu machen als vorher.

4.2.1 Hoffnung und Denkstile

Hoffnung ist, wie bereits gesagt, eine positive, aktivierende Einstellung, die mit verschiedenen Emotionen je nach Situation einhergehen kann (vgl. Kap. 2). Hoffnungsvolle und damit erfolgsorientierte Menschen gehen mit Erfolgen und auch mit Misserfolgen konstruktiv um.

Wenden wir uns nun den Denkstilen (vgl. Kap. 1.6) von TRAIT-hoffenden Personen zu, von Personen also, die generell hoffnungsvoll durchs Leben gehen. Mal angenommen, eine so gearteter Mensch hofft auf zukünftigen Erfolg in einem ihm sehr wichtigen Bereich. Sei dies z. B. die erfolgreiche Abschlussprüfung seiner Ausbildung. Erinnern Sie sich noch an Ihre Prüfungen…? Wie argumentiert eine hoffnungsvolle Person innerlich in einer solchen Situation am ehesten?

Hoffnung auf Erfolg

„Ich glaube, ich schaffe es (internal). Bisher habe ich die Ausbildung durchgezogen und recht gute Noten bekommen – warum also nicht auch jetzt (stabil)? Außerdem liegt mir Lernen (global) / dieses Thema (spezifisch) und ich stelle mich auch gar nicht so übel an (internal). Naja, ich bin mir zwar nicht hundertprozentig sicher, ob ich die Prüfung in meinem Sinne hinbekomme, aber ich vermute mal, ich könnte es schaffen (eher kontrollierbar), wenn ich jetzt Gas gebe und mich gründlich vorbereite (internal)."

In der Hauptsache tendiert ein hoffnungsvoller Mensch zu

- internalen,
- stabilen,
- globalen oder spezifischen,
- eher auf Kontrollierbarkeit bezogenen Denkinhalten für seine auf zukünftigen Erfolg ausgerichtete Hoffnung.

Welche Ursachenzuschreibungen könnte dieselbe hoffnungsvolle Person im Kopf haben, nachdem sich ein Misserfolg eingestellt hat? Mal angenommen, Sie hatten ein Teilgebiet Ihrer beruflichen Abschlussprüfung nicht bestanden. Aber Sie haben noch einen Versuch gehabt, um in diesem Bereich die Prüfung zu wiederholen. Was dachten Sie in dieser Situation? Vermutlich ging es in folgende Richtung:

Hoffnung nach Misserfolg

„Ich (internal) habe die Themen und die Prüfer (external) wohl unterschätzt. Das war schwieriger als erwartet. Bisher habe ich keine einzige der Prüfungen in meiner Ausbildung versiebt – nur diese jetzt (spezifisch). Das war ein einmaliger Ausrutscher (variabel) und passiert mir hoffentlich nicht noch mal (eher kontrollierbar). Auf den zweiten Versuch bereite ich mich jetzt aber wasserdicht vor (eher kontrollierbar)."

In der Hauptsache tendiert ein hoffnungsvoller Mensch in bedeutsamen Situationen zu

- externalen,
- variablen,
- globalen oder spezifischen,
- eventuell kontrollierbaren Denkinhalten, wenn sie oder er einen Misserfolg erlebt hat.

Aber auch hoffnungsvolles Denken hat einen Schwachpunkt: Es kann schnell passieren, dass eingetretene Misserfolge als von außen verursacht (external) angesehen werden. Darin besteht der Unterschied zwischen oberflächlicher und echter Hoffnung! Echte Hoffnung zeichnet sich dadurch aus, dass *ich* (internal) etwas oder jemanden (external) über- oder unterschätzt habe und mir das auch eingestehe. Daraus ergibt sich die Relevanz, bei allem Optimismus den Sinn für die Realität nicht zu verlieren!

Insofern ich meine Fähigkeiten in Bezug auf die Aufgabenschwierigkeit realistisch einschätze, kann ich davon ausgehen, dass die Erfolgswahrscheinlichkeit für mich recht hoch ist. Wenn ich jedoch meine Fähigkeiten überschätze und die Aufgabe eher unterschätze – sei es, dass ich den Zeitfaktor nicht allzu ernst nehme, sei es, dass ich davon ausgehe, dass meine Kollegen schon da sein werden, wenn ich sie brauche, ohne mich dessen zu versichern – wenn ich also vorher nicht sicherstelle, welche Ressourcen mir denn nun wirklich zur Verfügung stehen, kann ich die Aufgabenschwierigkeit gar nicht realistisch einschätzen. Und genau das geht im betrieblichen Alltag so häufig schief. Wir meinen, alles geht schon klar und legen los. Meist aus Zeitmangel und durch Druck von außen.

Genau in dieser Vorbereitungsphase jedoch sollten wir einen Gang herausnehmen und die für eine Aufgabenlösung notwendigen Ressourcen abklären. Danach können wir den gewünschten Gang einlegen. Bildlich gesprochen würde ein Rennfahrer auch nicht eine unbekannte Strecke ungebremst herunterdonnern, ohne dass er diese vorher eingehend geprüft hat. Täte er es dennoch … nun ja.

Sie haben durchaus Recht, wenn Sie jetzt entgegnen, dass es im alltäglichen Arbeitsprozess oftmals nicht möglich ist, die Ressourcen vorab komplett zu prüfen. Es geht hier vielmehr auch darum, dass das Problembewusstsein, was die Realitätsüberprüfung angeht, ein wenig geschärft wird. Und wenn man zukünftig gelegentlich daran denkt, die wichtigsten Faktoren, die einem bei einer bedeutsamen Aufgabenlösung den Rücken stärken könnten, sicherzustellen, hat man bereits eine Menge erreicht. Außerdem:

> Es kostet weit mehr Zeit, zukünftige Schäden wieder auszumerzen, als in der Vorbereitungsphase ein wenig gründlicher zu sein!

4.3 Angst und Leistung

Die Frage nach den Zusammenhängen zwischen Angst und Leistung kann nicht so einheitlich, so wie es bei Hoffnung der Fall sein dürfte, beantwortet werden. Denn Angst wirkt sich auf verschiedene Personen unterschiedlich aus – in Ausnahmefällen wirkt sie motivationsfördernd, meist jedoch wirkt sie demotivierend.

Angst ist generell eine aktivierende negative Emotion. Sie mindert die intrinsische Motivation, da Angst ja schließlich wenig mit Arbeitsfreude und Interesse zu tun hat. Andererseits kann sie die extrinsische Motivation steigern, denn man möchte ja Misserfolge und damit verbundene drohende Sanktionen und Peinlichkeiten vermeiden. Insofern kann man aus der Angst auch leistungsmotivationalen Profit ziehen und eine Menge tun, um sich vor Schäden zu bewahren. Doch ein solches Verhaltensmuster zeigen wir bei Angst wohl eher selten. Grundsätzlich aber können diese gegensätzlichen Möglichkeiten – Vermeidung oder Konfrontation – dazu führen, dass Leistungssituationen von einigen Personen gemieden werden, wohingegen andere ihre Lern-/Leistungsbemühungen noch steigern. Angst kann also Anstrengungsversuche sowohl hemmen als auch fördern.

Wie sehr meine Angst letztlich meine Leistung beeinflusst – ob positiv oder negativ – hängt auch davon ab, wie schwer oder leicht die Aufgabe für mich persönlich erscheint. Meine subjektive Einschätzung der Aufgabenschwierigkeit hängt wiederum erstens davon ab, welche internen und externen Ressourcen mir zur Aufgabenlösung zur Verfügung stehen, sprich: was ich kann und welche Unterstützung ich bekomme (vgl. Kap. 5.1). Zweitens wird der Angstgrad auch durch die Bedeutsamkeit der Aufgabe für mich beeinflusst. Je wichtiger mir die erfolgreiche Bewältigung ist, desto mehr emotionales Potential baue ich auf.

Der letztendliche Angstgrad wirkt sich dann auf meine Motivation, die Aufgabe zu bewältigen oder sie zu vermeiden, aus. Er beeinflusst weiterhin meine Anstrengungsbereitschaft und die kontinuierliche Ausrichtung meiner Aufmerksamkeit auf die zu lösende Aufgabe. Insgesamt lassen sich die Zusammenhänge so darstellen wie in Abb. 5.

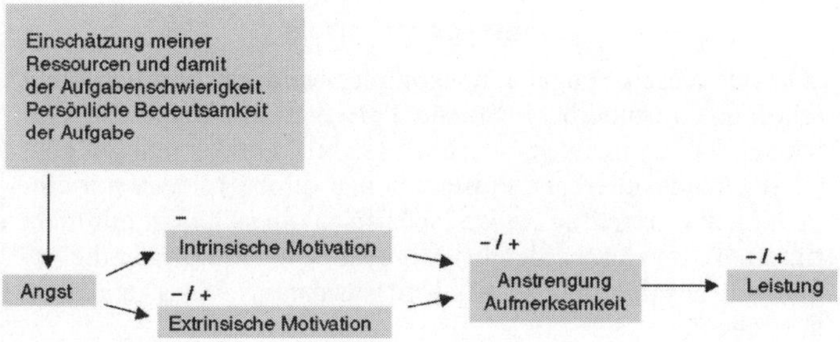

–/+ = Hauptsächlich negative, gelegentlich aber auch positive Auswirkungen sind möglich.

Abb. 5: Zusammenhänge zwischen Angst, Motivation, Leistung.

4.3.1 Angst und Denkstile

Stellen wir uns nun wieder unseren Denkstilen und betrachten wir, wozu wir tendieren, wenn wir eher TRAIT-ängstliche Menschen wären.

Nehmen wir mal an, Sie befinden sich in folgender Situation: Sie managen eine Abteilung von vierzig Personen. Im Zuge einer unternehmensweiten Restrukturierung gilt es nun, Ihre Abteilung besonders gut vor dem Vorstand zu „verkaufen“. Aus diesem Grunde haben Sie eine Präsentation vorbereitet. Ihr implizites Ziel ist es, dass in Ihrer Abteilung nicht mehr als fünf Prozent der Arbeitsplätze abgebaut werden bei möglichst gleichbleibender Auftragslage. Präsentationen gehören aber nicht zu Ihren Stärken. So weit so gut. Oder schlecht … Sie befürchten daher, Ihre Ziele nicht zu erreichen. Schließlich spüren Sie hier die klassische Sandwichsituation: Druckvolle Erwartungen von oben und von unten. Welcher Art färbt sich Ihr Denken nun tendenziell ein? Wie argumentieren Sie innerlich, wenn Sie Angst vor Misserfolg entwickeln? Ihr Denken geht tendenziell in folgende Richtungen:

Angst vor Misserfolg

„Ob ich diesen Spagat hinbekomme, weiß ich wirklich nicht (eher unkontrollierbar). Solche Präsentationssituationen hab' ich schließlich meistens verrissen (stabil). Ob das mal gut geht (eher unkontrollierbar). Präsentationen (global) liegen mir einfach nicht (internal). / Reden (spezifisch) an sich liegt mir nicht (internal). Im entscheidenden Moment gehen mir immer die Argumente aus (internal, stabil). Und was dann …? Das kann nicht gut gehen.

In der Hauptsache tendiert ein ängstlicher Mensch in einer bedrohlichen und für ihn wichtigen Situation also dazu,

- internale,
- stabile,
- globale oder spezifische,
- eher unkontrollierbare Ursachen anzunehmen.

Das Schlimme dabei ist, dass es letztlich unerheblich ist, welchen Inhaltes die selbstzerfleischenden Grübeleien sind. Die leistungsmindernde Wirkung von hohen Angstgraden liegt in der Hauptsache darin, dass ich meine Aufmerksamkeit überhaupt von dem Problem abziehe, das ich gerade lösen soll. Stattdessen denke ich nur darüber nach, wie unfähig ich doch bin und wie schwer die Aufgabe ist und womöglich stelle ich mir die Konsequenzen meines eventuellen Versagens in den schwärzesten Farben vor. Dieser gedankliche Teufelskreis verstärkt meinen Angstgrad mehr und mehr. Und mit steigendem Angstgrad sinkt die Leistungsfähigkeit, weil meine Aufmerksamkeit überall ist, nur nicht bei der Problemlösung.

Die Denkstile Internalität und Stabilität führen bei Misserfolgen am wahrscheinlichsten zu Angst. Besonders ängstliche Menschen sollten also auch eine erfolgsorientierte Perspektive zulassen und in diesem Sinne nach In- und Externalität, sowie Stabilität und Variabilität fragen, um ein realistisches Bild über die Ursachen des Misserfolges zu erlangen.

Was würde passieren, wenn Sie, die/der Präsentationsversager/in en gros, ihre Ziele dennoch erreichen? Wie würden Sie, der eher ängstliche und vorsichtige Mensch denn darüber denken? Vermutlich geht es in folgende Richtung:

Angst nach Erfolg

„Was ... Wie ... ?! Das war Zufall (external, variabel und unkontrollierbar). Ich hatte einfach Glück (external, variabel und unkontrollierbar). Sicherlich haben die Folien, die meine Sekretärin vorbereitet hat, den Vorstand überzeugt (external). Muss wohl so sein, denn ich bin in einer solchen Situation (spezifisch) / generell (global) kein Zielgarant (eher unkontrollierbar)."

Die Denkrichtung ängstlicher Personen nach Erfolg tendiert also insgesamt zu

- externalen,
- variablen,
- globalen oder spezifischen,
- eher unkontrollierbaren Inhalten.

Man bleibt also beim negativen Selbstkonzept. Da müsste einem schon mehr passieren, um davon überzeugt zu werden, dass man solche Situationen zu meistern in der Lage ist. Eine Lerche macht ja bekanntlich noch keinen Sommer. Diese Situationen müssten zukünftig so häufig mit Erfolg gekrönt sein, dass man einfach nicht mehr auf das Erklärungsmodell Glück/Zufall zurückgreifen kann. Und dann müsste man darüber nachdenken, ob man nicht vielleicht doch zu mehr in der Lage ist...?! Selbstkonzepte sind also eine recht stabile Angelegenheit (vgl. Kap. 5.1) – und dies nicht immer zum Vorteil ihres Besitzers.

4.4 Emotionsintensität und Leistung

Hierbei geht es um die Klärung eines seit langem angenommenen Zusammenhanges zwischen Emotionsintensität und Leistung. Einige Autoren gehen bis heute von einem Zusammenhang in Form eines umgekehrten U zwischen Emotionsintensität und Leistung aus. Für Angst ergäbe sich so die Kurve aus Abb. 6.

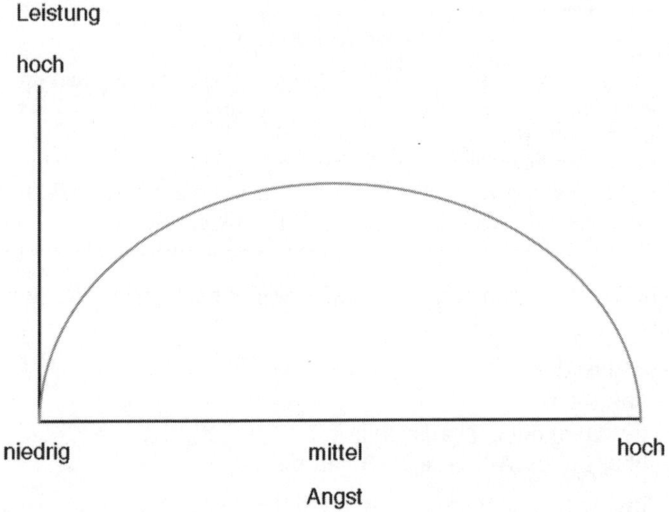

Abb. 6: Zusammenhang zwischen Emotionsintensität und Leistung

Es bedeutet, dass niedrige Angstgrade die Leistung negativ beeinflussen, da dies ja auch niedrige Motivation bedeutet. „Kein Bock, weil kein Interesse“ sozusagen. Mit einem mittleren Emotionsgrad – oder auch Erregungsgrad – steigt die Leistung und fällt mit weiterhin steigender Angstintensität wieder ab. Zuviel Angst bedeutet ja letztlich, dass man sich nicht mehr auf die Aufgabe konzentriert und sie bedeutet Fluchtmotivation, weil man diese Intensität nicht mehr ertragen kann. Implizit sagt das Modell aus, dass ein Vorgesetzter seine Mitarbeiter in einem mittleren Erregungsbereich halten sollte, wo sie dann die höchsten Leistungen zeigen würden.

Dieser Zusammenhang konnte allerdings in der Forschung bisher nicht bestätigt werden (vgl. Pekrun, 2000, S. 65)! Angst kann *in Einzelfällen* durchaus leistungsförderlich wirken (vgl. Kap. 4.3), dies ist aber ganz einfach zu selten der Fall, als dass man es zur Norm erheben sollte.

Schauen wir noch mal genauer hin. Die Norm ist, dass sich Angst in komplexen Leistungssituationen – und Komplexität ist im Management der Normalfall – ungünstig auswirkt. Mit steigender Intensität steigt auch die negative Wirkung auf die Leistung. Also hätten wir es in der Abbildung sehr viel eher mit einer monoton abfallenden Geraden zu tun. Und für Hoffnung liegt ein monotoner Leistungsanstieg vor. Je mehr Hoffnung, desto mehr Leistung also. Das sähe dann insgesamt so aus wie in Abb. 7.

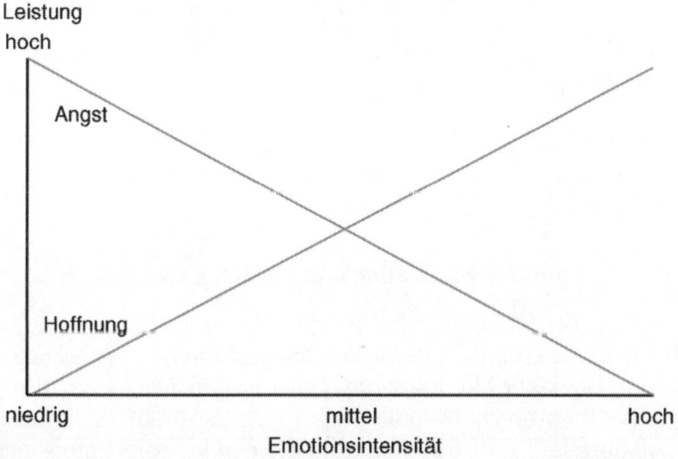

Abb. 7: Zusammenhang zwischen Emotionsintensität und Leistung

Dass Ängste in Unternehmen immense Kosten verursachen, wissen wir spätestens seit *Panse* und *Stegmann* (1996). Dass Hoffnung kostensenkend wirken würde, können wir uns denken. Es gilt also, Wege zu finden, Ängste zugunsten von Hoffnungen abzubauen, was nicht heißt, dass das Ziel darin bestehen kann, Unternehmen zu keim- bzw. angstfreien Zonen zu machen. Eine Minimierung der Angstpotentiale ist eine lohnenswerte Aufgabe, jedoch nur im Verbund mit der Intensivierung und Etablierung einer hoffnungsfördernden Umgebung.

Aber Vorsicht! Ich spreche hierbei von echter Hoffnung (vgl. Kap. 2.3), also einer Hoffnung mit hohem Realitätsbezug und basierend auf einem klaren Problemverständnis. Die Basis einer solchen Arbeitsplatzumgebung besteht in einer angemessenen Kommunikation zwischen allen Beteiligten. Dies macht letztlich alle Themenbereiche – seien es Führungsthemen, Teamthemen, Selbstmanagement, Changemanagement – qualitativ aus.

4.5 Zusammenfassung

Die Wirkung von Hoffnung und Angst auf Motivation, Anstrengung, Aufmerksamkeit und Leistung seien in Anlehnung an *Pekrun* (2000) überblickartig gezeigt:

Tab. 7: Emotion, Motivation und Leistung nach Pekrun (2000)

	Intrinsische Motivation	Extrinsische Motivation	Anstrengung	Aufmerksamkeit	Leistung
Hoffnung	+	+	+	+	+
Angst	–	(+)/–	(+)/–	(+)/–	(+)/–

Dabei ist immer zu bedenken, dass Angst eher negativ auf alle in der Tabelle aufgeführten Bereiche wirkt. Daher auch die in Klammern gesetzten Pluszeichen. Es gilt also insgesamt: Je mehr Angst, desto schlechter wird die Leistung.

Die jeweils mit Angst und mit Hoffnung einhergehenden Denkstile seien hier ebenfalls zusammenfassend dargestellt:

Tab. 8: Denkstile bei Angst und Hoffnung

Angst	
Vor Misserfolg	Internal, stabil, global oder spezifisch, eher unkontrollierbar.
Nach Erfolg	External, variabel, global oder spezifisch, eher unkontrollierbar.

Hoffnung	
Auf Erfolg	Internal, stabil, global oder spezifisch, eher kontrollierbar.
Nach Misserfolg	External, variabel, global oder spezifisch, eher kontrollierbar.

Man kann gut erkennen, dass Angst und Hoffnung zwei Seiten einer Medaille sind, denn sie haben etwas gemeinsam: Egal ob wir hoffen oder uns ängstigen – wir sind uns nicht sicher, ob wir die Situation zu unseren Gunsten unter Kontrolle bekommen können. Daher das Wörtchen „eher“. Bei Hoffnung tendieren wir dazu, Kontrollierbarkeit anzunehmen (zu „erhoffen“), bei Angst tendieren wir dazu, Unkontrollierbarkeit zu befürchten. Wie auch immer, der harte Kern dieser Medaille – die Gemeinsamkeit also – ist diese Kontrollunsicherheit.

5. Ursachen von Hoffnung und Befürchtungen am Arbeitsplatz

Wovon hängt das Auftreten von Ängsten und Hoffnungen im beruflichen Alltag maßgeblich ab? Folgende Ursachenfelder können mindestens angenommen werden:

- Unternehmensform (Matrixorganisation, divisionäre Organisation, u. a.),
- Unternehmenspolitik und -kultur,
- Meetingkultur,
- formelle und informelle Kommunikationswege und -stile,
- Arbeitsatmosphäre (Chemie zwischen den Kollegen),
- Führungsstil(e),
- Personalmanagement,
- Persönlichkeiten (Selbstkonzepte und Belastbarkeit) aller im Unternehmen arbeitenden Menschen.

Es dürfte unmittelbar einleuchtend sein, dass hier eine Auswahl an Ursachen für Hoffnungen und Ängste im beruflichen Kontext getroffen werden muss. Denn alle o. g. Faktoren können weiter ausdifferenziert werden, und so erhalten wir sicherlich hunderte von möglichen Ursachen, die für unsere emotionale Landschaft und daher auch für unsere berufliche Leistungsfähigkeit bedeutsam sind.

Bleiben wir in diesem Kapitel zunächst im innermenschlichen Bereich und schauen wir uns unsere Selbstkonzepte, unseren Umgang mit Stress und unsere mit allem verbundene „Denke“ an. Denn wenn wir innerhalb unseres inneren Einflussbereiches bestimmter Mechanismen gewahr werden, können wir für uns und unsere Kollegen und Mitarbeiter einiges bewirken.

5.1 Selbstkonzept und Emotionen

Wie Sie Ihre Erfolge und Ihre Misserfolge sowie die Ihrer Kollegen und Mitarbeiter letztlich bewerten, auf welche Ursachen Sie diese zurückführen, und was Sie in den damit zusammenhängenden Situationen empfinden, hängt in erheblichem Maße von Ihrem Selbstkonzept ab. Unser umgangsprachlicher Begriff dafür ist „Ego".

Ihr Selbstkonzept – also Ihr gesamtes Erfahrungswissen über sich selbst – hat sich aus Ihrer bisherigen Lebenserfahrung und der Art, wie Sie diese bewerten, zusammengesetzt. Man nimmt an, dass das Selbstkonzept hierarchisch aufgebaut ist. Das bedeutet, man unterscheidet mehrere Ebenen. Auf jeder Ebene existieren verschiedene Selbstkonzeptteile, die jeweils ein Thema umfassen. Zum Beispiel kann man sich für einen guten Zuhörer einerseits halten, und für einen guten Manager andererseits. Ersteres wird ein Postulat unterer Ordnung genannt (Epstein, 1979), weil es in der Hierarchie eine Ebene unter dem „Manager" als dessen Teilbereich zu finden wäre. Letzteres ist ein Postulat höherer Ordnung, weil der „Manager" den „guten Zuhörer" beinhaltet.

Postulate unterer Ordnung

Dies sind relativ enge Bereiche unmittelbarer Erfahrungen. Beispiel: Ich bin ein guter Zuhörer.

Postulate höherer Ordnung

Sie sind allgemeinerer Natur und können daher nicht so leicht überprüft bzw. entkräftet werden (Änderungsresistenz). Beispiel: Ich bin ein guter Manager.

Wenn Postulate höherer Ordnung entkräftet werden, hat das deutlichere Konsequenzen, als wenn ein Postulat niedrigerer Ordnung entkräftet worden wäre. Unser Selbstkonzept wäre stärker erschüttert, wenn der „gute Manager" in Frage gestellt wäre, als wenn der „gute Zuhörer" in Frage gestellt wäre.

Ein Selbstkonzept ist also aufgebaut wie ein Tannenbaum. An seiner Spitze steht ein Postulat höchster Ordnung, darunter besteht die Ebene der Postulate niedrigerer Ordnung und darunter stehen die Postulate nächstniedrigerer Ebene und so weiter, bis hin zu den Postulaten unterster Ordnung, die nicht weiter aufgespalten werden können (Abb. 8).

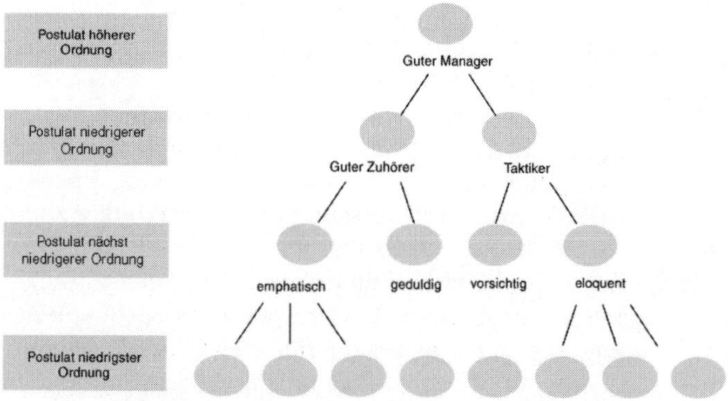

Abb. 8: Selbstkonzepthierarchie nach Epstein (1979)

Die Anzahl der Postulate, der Ebenen, und die Anzahl der Unterkonzepte auf einer Ebene ist beliebig. Es geht hier nur um das Prinzip, dass unser Selbstkonzept sich in immer genauere Einzelkonzepte untergliedern lässt. Wenn Sie sich fragen, welche Eigenschaften Sie zu einem guten Manager machen, so werden Sie schnell merken, dass bereits auf der zweithöchsten Ebene sehr viele Bereiche zu nennen sind, von denen jeder wieder weiter unterteilt werden kann, und so weiter, und so weiter.

Unser Selbstkonzept dient uns als Gerüst, in welches wir immer neue Erfahrungen über uns und unsere Umwelt integrieren können. Daher interpretieren wir neue Informationen, Situationen, Verhaltensweisen unserer Mitmenschen usw. auf unsere ureigene individuelle Art. TRAIT-ängstliche Menschen interpretieren vieles als bedrohlich, was TRAIThoffnungsvolle Menschen als Herausforderung bewerten würden.

Emotionen werden immer dann hervorgerufen, wenn ein für uns und unser Selbstkonzept bedeutsames Ereignis eintritt. Emotionen sind demnach immer auch Hinweise auf unsere Postulate (z.B. Intelligenz). Wenn jemand Sie für fachlich äußerst ausbaufähig hält, werden Sie sicherlich ein wenig ungehalten. Ergo ist fachliche Kompetenz und damit Intelligenz im Rahmen Ihrer Selbsttheorie wichtig (= ein Postulat höherer Ordnung).

5.1.1 Selbstwertgefühl

Unser Selbstkonzept erhält auch unser Selbstwertgefühl aufrecht. Der Begriff „Selbstwertgefühl" steht für unsere emotionale Selbstwert-Wahrnehmung:

Selbstwertgefühl

„Konstrukt für den Inbegriff, bzw. die Summe der mehr oder weniger positiven Bewertungen, die eine Person über sich selbst abgibt." (Euler/Mandl, 1983, S. 245)

Das Selbstwertgefühl kann sich auf einzelne, aktuell wichtige Teilbereiche – also Postulate unterschiedlichster Ordnung – beziehen. Man kann aber auch vom Selbstwertgefühl als ein alle Bereiche umfassendes Gefühl sprechen. Jedenfalls ist damit keine Emotion an sich gemeint, sondern eine zugrundeliegende gefühlsmäßige Tönung unseres Selbstwertes oder eben Anteile desselben. Zum Beispiel haben Sie eventuell ein gutes, sicheres Gefühl gegenüber sich selbst in der Rolle der Führungsperson, was ein guter Nährboden für Hoffnung und damit für ihre Leistungsfähigkeit ist, aber wohl weitaus weniger in der Rolle eines Astronauten, da wären eher Ängste vor Fehlern und deren Konsequenzen an der Tagesordnung.

Egal ob wir einen niedrigen oder einen hohen Selbstwert haben und ein damit verbundenes eher negatives oder positives

Selbstwertgefühl – wir tendieren dazu, eben jene Informationen aus der Umwelt aufzunehmen, die in dieses positive oder negative Konzept passen. Man nennt dieses Phänomen auch Selbstkonsistenz:

Selbstkonsistenz

Personen sind generell bestrebt, das vorhandene Selbstkonzept beizubehalten, auch dann, wenn dies mit einer negativen Selbstbewertung verbunden ist. Informationen, die dem Selbstkonzept widersprechen, werden als bedrohlich wahrgenommen, weil sie die Stabilität und die Sicherheit der bestehenden Selbstwahrnehmung gefährden. Es werden also selektiv selbstkonsistente (= passende) Informationen wahrgenommen und integriert und affektive Zustände werden so reguliert (vgl. Epstein (1979), S. 37).

Das damit verbundene Führungsproblem ist folgendes: Nehmen wir an, Sie bekommen einen neuen Mitarbeiter mit einem negativen Selbstkonzept, was Teilbereiche seines beruflichen Leistungskonzeptes angeht. Und Sie als sein Vorgesetzter sollen nun dafür Sorge tragen, dass dieser Mitarbeiter sich schnell und effizient einarbeitet. Das Problem geht aber noch weiter, denn erwiesenermaßen sind Personen mit sehr niedrigem oder sehr hohem Selbstwertgefühl am wenigsten beeinflussbar.

Sie haben also einen Mitarbeiter bekommen, der mit einem negativen Selbstwertgefühl ausgestattet, Ihre Hilfestellungen und Ratschläge mit misserfolgsorientiertem Denken aufnimmt. Sie stecken mitten in einem Dilemma: Wenn Sie diesen Mitarbeiter zu sehr unterstützen (dirigieren und trainieren), denkt dieser: „Er hat recht – ich kann wirklich nichts selbständig erledigen, ohne dass was schief geht.“ Delegieren Sie möglichst früh vieles an diesen Mitarbeiter, könnte dieser denken: „Der kümmert sich schon gar nicht mehr um mich. Recht hat er, ich versage ja sowieso.“ Sie können tatsächlich tun oder lassen, was Sie wollen – der Mitarbeiter wird es für sich passend bzw. selbstkonsistent interpretieren.

Nehmen Sie nun weiter an, Sie hätten einen Mitarbeiter bekommen, der ein stabiles, positives Arbeitskonzept mit entsprechend positivem Selbstwertgefühl inne hat. Auch ihn gilt es, im Sinne von dirigieren und trainieren einzuarbeiten. Sind Sie anfangs eher autoritär, so mag dieser Mitarbeiter denken: „ Der scheint ja alles besser zu wissen. Na, wenn er's so braucht – ich mach's wie ich will." Wenn Sie denselben Mitarbeiter weitgehend selbständig arbeiten lassen, indem Sie ihm sekundieren und Aufgaben an ihn delegieren – vorausgesetzt, Sie sind im Großen und Ganzen einverstanden mit dem, was er tut – ist er wahrscheinlich zufrieden.

Es erhebt sich die Frage, wie Sie die negativen Selbstwertgefühle Ihrer Mitarbeiter angemessen verbessern und die positiven Selbstwertgefühle ihrer Mitarbeiter im realistischen Maße unterstützen können, damit insgesamt den Ängsten der Boden entzogen wird und aktivierende, positive Emotionen wie Hoffnung und Leistungsfreude mehr Raum einnehmen können.

Das ist an und für sich gar nicht so schwer, wenn Sie die immer noch verbreitete Haltung, nichts anzusprechen, was in Ihnen vorgeht, aufgeben, insofern Sie dieses nicht bereits getan haben. „Wahrheit geht vor Schönheit" sagen Kommunikationspsychologen. Eine problematische Situation wird nicht dadurch schöner, dass wir die Probleme nicht ansprechen. Im Gegenteil – sie wird schlimmer. Aber was gilt es in den oben genannten Fällen denn an Wahrheiten anzusprechen?

Letztlich haben Sie als Führungskraft den Verdacht, dass der Mitarbeiter mit dem negativen Selbstwertgefühl Ihr Verhalten ihm gegenüber falsch einschätzt, und Sie haben recht damit. Teilen Sie ihm konstruktiv mit, wie Sie ihn konkret auf die Sache bezogen einschätzen und helfen Sie ihm so, sich selbst realistischer zu sehen, als er es bisher tut. Dies gilt im Übrigen auch für unseren Freund mit dem (zu) positiven Selbstwertgefühl.

Es kann schnell passieren, dass Sie ein negatives Begabungskonzept, was ein Mitarbeiter aufgrund einiger Misserfolgserlebnisse aufgebaut hat, durch folgende gut gemeinte Verhaltensweisen noch verstärken (Meyer, 1984, S. 143 f.):

- *Lob/Tadel:* Lob bei erfolgreicher Lösung einer eher leichten Aufgabe kann besagen, dass Sie den Mitarbeiter für relativ unbegabt halten. Kein Tadel bei Misserfolg kann ebenfalls besagen, dass Sie aufgrund derselben niedrigen Fähigkeitseinschätzung mit diesem Ergebnis gerechnet haben.
- *Hilfeverhalten:* Nicht erbetene Hilfe kann beim Empfänger zu dem Schluss führen, dass Sie als helfende Person die Fähigkeiten des Mitarbeiters für gering halten. Solches Hilfeverhalten kann den Mitarbeiter dazu führen, an seine Inkompetenz zu glauben.
- *Emotionale Reaktionen* anderer Personen haben ebenfalls Auswirkungen auf die eigene Fähigkeitseinschätzung. Zufriedenheit nach Erfolg und Ärger nach Misserfolg führen in jedem Falle zu höheren eigenen Erfolgserwartungen als Überraschung nach Erfolg und Mitleid nach Misserfolg.
- *Zuweisen von Aufgaben:* Eine weitere indirekte Mitteilung über die Fähigkeitseinschätzung eines Mitarbeiters besteht in der Zuweisung von Aufgaben verschiedener Schwierigkeitsgrade. Es ist unbestreitbar, dass man anderen Personen in der Regel nur solche Aufgaben zuweist, von denen man glaubt, dass sie diese lösen können.

Daher ist es wichtig, o. g. Verhaltensweisen in Maßen zu zeigen, sprich: dem Mitarbeiter punktuell ein angemessenes Feedback zu geben.

5.1.2 Selbstkonzept, Angst und Hoffnung

Negative Emotionen entstehen, wenn unser Selbstkonzept die Aufnahme und Einordnung neuer Informationen nicht leistet oder nicht leisten kann. Dies bedeutet z. B. Unsicherheit bezüglich der Kontrollierbarkeit von Ereignissen: Wenn ein Mitarbeiter zu einem Gespräch gebeten wird und er erfährt über Dritte, dass es sich dabei offenbar um ein Kritikgespräch handelt, er sich aber die Gründe dafür nicht erklären kann, so kann er zunächst die Information „Kritikgespräch" nicht einordnen. Er wird sicherlich die eine oder andere Befürchtung entwickeln, weil er nicht weiß, was da denn auf ihn zukommen könnte und wie er sich dann zu verhalten hat (Kontrollunsicherheit).

Angst entsteht demnach, wenn ein Selbstkonzept seine Integrationsfunktion nicht mehr erfüllen kann. Das bedeutet, es kann neue Informationen nicht in seine Schemata einpassen, und gerät ergo unter Druck. Ist dieser Druck groß genug, so wird die Selbsttheorie desorganisiert. Wir wissen dann im wahrsten Sinne des Wortes mit den Informationen nichts anzufangen, können sie „nicht einordnen" und sind „durcheinander".

Generell können wir bedrohliche Ereignisse in unsere bestehenden Selbstkonzeptstrukturen einpassen oder abwehren. Die allgemeinste Form der Verteidigung gegen Desorganisation ist die Einengung des Selbstkonzeptes (Abwehrarten, vgl. Kap. 3.5). Man weigert sich dann, das angstauslösende Ereignis als solches anzuerkennen: „Das kann (doch) nicht (wahr) sein." oder „Das kann ich nicht glauben." „Das höre ich mir gar nicht erst an." u. v. a. Dies kann beispielsweise passieren, wenn ein Teammitglied erkennt, dass seine für ihn eindeutig richtige Meinung vom Team seit einiger Zeit konstant abgelehnt wird. Oder wenn ein Unternehmen nach jahrelangem Kampf dann doch vor der feindlichen Übernahme steht und der eine oder andere dies nicht wahrhaben will.

Hoffnung entsteht dem gegenüber, wenn neue Informationen in das Selbstkonzept weitgehend – wenn auch nicht völlig – eingefügt werden können. Jedenfalls finden sich offenbar ausreichend viele passende Aspekte, so dass das Selbstbild erhalten bleiben kann. Ein gewisser Druck entsteht bei Hoffnung dennoch, denn eine gewisse Unsicherheit ist ja kennzeichnend für sie. Dieser Druck ist aber eher konstruktiv und erscheint uns erträglich. Dies bedeutet, dass wir aufgrund unserer beruflichen Erfahrungen häufig durchaus in der Lage sind, mit weniger Informationen gute Ergebnisse zu erzielen. Und das bedeutet für eigene Führungsansprüche, zu wissen, ob und wann dies bei einem Mitarbeiter, oder auch bei einem selbst, der Fall ist.

5.2 Stress

Es gibt *positiven* Stress (Eustress), auf den wir mit positiven Emotionen reagieren – beispielsweise eine bevorstehende Beförderung; und es gibt *negativen* Stress (Distress), auf den wir mit negativen Emotionen reagieren – beispielsweise eine Abmahnung. *Lazarus* (vgl. Nitsch, 1981; 1993) hat sich gefragt, wodurch welche Emotionen in uns hervorgerufen werden, wenn Anforderungen an uns gestellt werden und wir uns daher vor oder in stressenden Situationen befinden. Zunächst einmal versteht *Lazarus* unter dem Begriff Stress dies:

Stress

„... jedes Ereignis, in dem äußere oder/und innere Anforderungen die Anpassungsfähigkeit eines Individuums ... beanspruchen oder übersteigen."
(Zit.: Lazarus in Nitsch, 1981, S. 220)

Lazarus unterscheidet zwischen inneren und äußeren (umweltbedingten) Anforderungen. Letztere – um die es uns hier auch geht – sind äußere Ereignisse, an die wir uns anpassen müssen. Innere Anforderungen hingegen beziehen sich auf unsere persönlichen erstrebenswerten Ziele, Werte oder Aufgaben, die wir entwickelt haben und deren Verhinderung oder Verzögerung negative Folgen für unser Wohlbefinden mit sich bringt.

Das sogenannte Sandwichproblem von Führungskräften ist also ein Dilemma, bestehend aus inneren und äußeren Anforderungen: Seitens der Unternehmensspitze, und auch seitens der Mitarbeiter und Kollegen werden Anforderungen an die Führungskraft gestellt – nicht zu vergessen die inneren Anforderungen der Führungskraft an sich selbst im Sinne von eigenen Werten und Normen.

In seinem „Coping"-Konzept (to cope: bewältigen) (in: Nitsch, 1981, S. 213–258) erklärt *Lazarus*, wie wir Stress bewerten und in der Konsequenz auch bewältigen: Bevor wir eine Situation angemessen bewältigen, ordnen wir sie blitzschnell grob ein. Wir können die Situation, vor der wir stehen oder in der wir uns gerade befinden, zunächst als

- irrelevant (hat keine Auswirkungen auf das Wohlbefinden, ist mir also egal),
- günstig/positiv (ich sehe in dem Ereignis ein Zeichen für Sicherheit, was mich entspannt),
- stressend einordnen.

Ist sie für uns stressend, so bewerten wie sie weiter und bewältigen sie entsprechend. Bewertung besagt, dass wir sich ständig ändernde Beurteilungen über die Bedeutung des laufenden Geschehens für unser Wohlbefinden produzieren.

Bewertung

„Bewertung wird allgemein als der mentale Vorgang verstanden, jedes Ereignis aufgrund seiner Bedeutung für das eigene Wohlbefinden (primäre Bewertung) und aufgrund der verfügbaren Bewältigungsfähigkeiten und -möglichkeiten (sekundäre Bewertung) zu beurteilen."
(Zit.: Lazarus in Nitsch, 1981, S. 233)

Primäre Bewertungen, also solche, wo es um unser eigenes Wohlbefinden geht, können drei verschiedene Inhaltsklassen haben:

- als *Schädigung/Verlust:* diese Form bezieht sich auf bereits eingetretene Schädigung. Emotionen wie Trauer, Wut, Scham, Schuld treten hier je nach Umstand auf.
- als *Bedrohung:* sie betrifft Schädigung/Verlust, die/der noch nicht eingetreten ist, sondern vorhergesehen wird.

Ängste oder Verzweiflung sind Emotionen, die in diesem Bereich fallen.

- als *Herausforderung:* sie bezieht sich auf vielleicht schwer erreichbare, aber mögliche Meisterung einer stressenden Situation und die damit verbundenen positiven Folgen. Hier finden sich positive aktivierende Emotionen wie Leistungsfreude, Stolz, oder Haltungen wie Neugier, Hoffnung, Interesse.

Sekundäre Bewertungen beziehen sich auf die Bewältigungsfähigkeiten und -möglichkeiten, die wir haben. Sie folgen nicht zeitlich auf primäre Bewertungen, vielmehr ergänzen und beeinflussen sich primäre und sekundäre Bewertungen gegenseitig. Entscheidend ist, dass sekundäre Bewertungen für die Ausformung und für die Gestaltung der Bewältigungsstrategien der unter Stress stehenden Person von Bedeutung sind. Das besagt, je nach dem, wie man die eigenen Bewältigungsfähigkeiten einschätzt, bewertet man die Situation als irrelevant, günstig/positiv oder stressend.

Wenn ich erstmalig eine Führungsposition übernehme, so werde ich diese Situation zunächst einmal als stressend bewerten. Damit einher geht sicherlich auch eine primäre Bewertung der Situation als bedrohlich, weil ich meine Bewältigungsmöglichkeiten (sekundäre Bewertung) in diesem Falle ja noch gar nicht wirklich als angemessen ansehen kann. Mir fehlen noch Erfahrungen und das weiß ich dann auch. Ich trete den Posten an und beginne, Erfahrungen zu sammeln …

In dieses Zusammenspiel zwischen primärer und sekundärer Bewertung fließen nonstop Informationen über eigene Reaktionen, über die Umwelt und durch eigene Reflexionen mit ein. Diese können im Weiteren zur *Neu*bewertung einer Situation führen. Eine zunächst als bedrohlich bewertete Situation kann nach eingehender Reflexion der Bewältigungsmöglichkeiten neu als herausfordernd bewertet werden. *Defensiv* ist eine Neubewertung dann, wenn ein bewertetes Geschehen z.B. verleugnet oder intellektualisiert – insgesamt also abgewehrt – wird. So kann Bedrohliches plötzlich als nicht mehr bedrohlich oder sogar wünschenswert betrachtet werden. Eine solche „gewollte“ Fehleinschätzung hat den Sinn, vor negativen Emotionen zu schützen.

... Erfolgs- und Misserfolgserfahrungen begleiten mich. Mehr und mehr kann ich mich selbst und meine Führungsfähigkeiten besser einschätzen. Und dann kommt der Punkt, wo ich erkenne, dass die Führungstätigkeit nicht mehr länger eine Bedrohung für mich darstellt, sondern zu einer alltäglichen Herausforderung geworden ist. Ich habe meine Führungssituation nun neu bewertet.

Allerdings könnte ich auch eine negative Erfahrung machen, nämlich die, dass ich einfach nicht zur Führungskraft geeignet bin. Und so kann es passieren, dass ich, wenn ich mir dies nicht eingestehen will, eine defensive Neubewertung in mir durchsetze: Ich sehe einfach kein Problem (Verleugnung) oder ich suche tausend gute Gründe, warum die Umstände schuld an meiner Misere sind (Intellektualisierung, external). Im Grunde haben wir es hierbei mit einer Selbstkonzepteinengung zu tun (vgl. Kap. 5.1.2).

Wie die Bewertungen ausfallen, hängt auch davon ab, welcher Überzeugung wir in punkto unserer Bewältigungsfähigkeiten sind. Bewältigen können wir in viererlei Form:

1. Die Informationssuche bildet die Grundlage für zukünftige Handlungen, so z. B. wenn Sie ein Seminar oder Training besuchen, um die darin vorgestellten Handlungs- und Denkstrategien zukünftig zu nutzen.
2. Direkte Aktionen bezeichnen das tatsächliche Tun.
3. Aktionshemmung beschreibt das Nichtdurchführen von Aktivitäten.
4. Intrapsychische* Prozesse sind nach *Lazarus:* „...alle gedanklichen Prozesse, die durch Verbesserung des Wohlbefindens der Person Emotionen regulieren sollen. Kurz, all das, was eine Person zu sich selbst sagt und alle For-

* Intrapsychisch: Innerhalb ein- und derselben Person. – Dagegen interpsychisch: Zwischen Personen.

men der Aufmerksamkeitslenkung, wie z.B. Meidung."
(Zit.: Lazarus in Nitsch, S. 253)

Erhebt sich nun die Frage, wie dieser Gedankengang von *Lazarus* mit der Entstehung von Emotionen zusammenhängt. Am Beispiel der Angst könnte dies etwa so aussehen:

Herr Schröder erfährt vom Vorstand, dass sein Arbeitsplatz im Unternehmen durch eine Fusion mit einem anderen, größeren Konzern wahrscheinlich doch bedroht ist, was vorher verneint wurde. Die Situation kann Herr Schröder nun nicht mehr, wie vormals, als irrelevant oder herausfordernd ansehen, sondern sie hat für ihn jetzt eine stressende und bedrohliche Bedeutung. Dies auch aufgrund seiner Überlegungen, dass er ja nichts direkt tun kann (sekundäre Bewertung fällt defizitär aus), um die drohende Fusion abzuwenden. Angstgefühle können nun aufkommen. Er bewertet also aufgrund der sekundären Bewertung eine für ihn zunächst irrelevante Situation neu als Bedrohung.

Herr Schröder begibt sich auf die Suche nach Informationen (Informationssuche und direkte Aktion), sei es, dass er Zeitungsberichte über die drohende Fusion sammelt, sei es, dass er Informationen durch Gewerkschaft, Personalwesen, Vorgesetzte und Kollegen erbittet, die darauf hinauslaufen, dass er um seinen Arbeitsplatz mit Recht besorgt sein kann.

Nun hat er verschiedene Möglichkeiten. Er kann weiterhin direkte Aktionen durchführen, indem er sich bei anderen Unternehmen bewirbt – eine direkte Aktion mit positiver emotionsregulierender Wirkung, denn Herr Schröder könnte nun auf einen neuen Arbeitsplatz hoffen. Er kann aber andererseits auch die Situation einfach leugnen nach dem Motto: „Es wird mir nicht passieren, es darf nicht passieren. So schlimm ist das nicht." Auch hier findet letztlich Emotionsregulierung statt, wenn auch nicht gerade auf sonderlich realistische Art. Der Bedrohungscharakter wird von Herrn Schröder nur aufgeschoben, aber nicht aufgehoben.

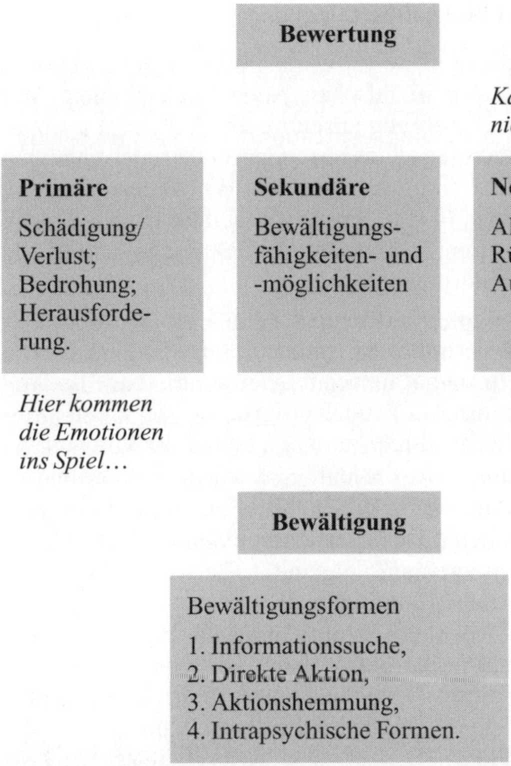

Abb. 9: Lazarus' Stress und Emotionsansatz (vgl. Nitsch, 1981)

Unsere Emotionen kommen bereits im Bereich der primären Bewertung ins Spiel. Insofern wir eine Situation als stressend und in Folge als Schädigung/Verlust, als Bedrohung oder als Herausforderung bewerten, entstehen positive oder negative Emotionen. Hoffnung entsteht, wenn wir eine stressende Situation als Herausforderung ansehen, Angst, wenn wir Bedrohung antizipieren. Dies wiederum hängt davon ab, wie wir unsere Bewältigungsmöglichkeiten einschätzen. Damit einher kann es zu Neubewertungen und zu anderen Emotionen kommen.

5.2.1 Stress und Krankheit

Wenn uns etwas nervt, so tut es das nicht zuletzt, weil mal wieder das Falsche im falschen Augenblick passiert. Wir werden von der Verfolgung unserer eigentlichen Ziele abgebracht, fühlen uns ausgebremst oder unter unbotmäßigen Druck gesetzt und reagieren gestresst. Wir fühlen Irritation, Ärger, Wut, Angst, Panik, Verzweiflung oder Hass – je nach dem, um was es geht, wie bedeutsam die Sache ist und wie eklatant wir die Störung empfinden.

Unser Körper reagiert sofort und veranlasst die Ausschüttung einiger Stresshormone, unter anderem Kortisol. Die Hormone, die in den Blutstrom ausgeschüttet werden und stundenlang in unserem Körper verbleiben, aktivieren unser Kampf- oder Fluchtverhalten. Je nachdem, als wie bedeutsam und bedrohlich oder schädigend wir den Stress bewerten, erhöht sich mit der weiteren Aufregung unser Stresshormon-Spiegel im Blut. Das Blut wird zu den für Notfallreaktionen wichtigen Organen umgeleitet. Bei Ärger, Wut oder Hass – aktivierenden Emotionen also – steigt unsere Herzrate an, um den Körper zum Kampf zu rüsten. Bei Angst fließt das Blut vermehrt in die Beine, damit wir schneller flüchten können. Wobei dieses Verhaltensmuster im heutigen beruflichen Kontext sicher nicht die Methode der Wahl ist.

Es ist aber auch klar, dass wir solch intensive Alarmzustände (Selye, 1976) nicht unbegrenzt aushalten können. Wenn unsere Belastungsgrenzen erreicht sind, werden wir unkonzentriert und fahrig. Bleibt der Stress dennoch auf dem gleichen Level, so stellt sich bei uns mit der Zeit das ein, was wir Burnout oder „ausgebrannt sein“ nennen.

Gelegentliche Belastungsphasen sind nicht das, was uns wirklich schädigt. Im Gegenteil – wir bewerten diese weitgehend als Herausforderungen. Wenn aber aus Belastungsphasen allzu ausgedehnte Belastungsplateaus werden, sprich, sie dauern zu lange an, so bleiben langfristig körperliche Schädigungen nicht aus. Die meisten von uns wissen heute, dass Leber-, Milz- oder Magen-Darm-Probleme, Herz- und

Blutdruckprobleme, Rückenprobleme, Kopfschmerzen und Migräne, u. v. a. signifikant mit Stress als einem wichtigen Auslöser zusammenhängen können.

Nun ist es aber ein Faktum, dass einige von uns Stress besser aushalten können und andere weniger gut. Dies hat neben unserer Lerngeschichte auch körperliche Ursachen: diejenigen, die bei Stress ruhiger und besonnener bleiben, zeigen ein niedrigeres Aktivitätsniveau einiger Hirnregionen, als diejenigen, die sich mehr aufregen.

Gerade im Führungsbereich geht es oft um kreatives und schnelles Problemlösen. Dies sind gute Argumente, um Entspannungstechniken wie z. B. Atemübungen und Yoga-Körperübungen (vgl. Kairies, 2001) in Verbindung mit Umbewertungsmechanismen anzuwenden, die uns dabei helfen können, unsere innere Stimmungslandschaft ein wenig anzuheben und damit in der Folge belastbarer zu sein und effizienter zu führen (vgl. Kap. 8).

5.2.2 Mobbing und Emotionen

Mobbing ist ein Prozess, in dem Einzelpersonen oder Gruppen andere Einzelpersonen oder Gruppen gezielt in ihrem Arbeitsumfeld schädigen.

Mobbing

„Schikanöses Handeln einer oder mehrerer Personen, das gegen eine Einzelperson oder eine Personengruppe gerichtet ist.

Die schikanösen Handlungen werden meistens über einen längeren Zeitraum hin wiederholt. Sie implizieren grundsätzlich die Täterabsicht, das (die) Opfer, bzw. sein (ihr) Ansehen zu schädigen und ggf. aus seiner (ihrer) Position zu vertreiben. Aber auch ohne Schikaneabsicht des Täters können dessen „normale“ Handlungen von sensiblen Personen missverstanden, und als Mobbing empfunden werden.“
(Zit.: Zuschlag, 1997, S. 6)

Dieser Prozess unterliegt einer Phasigkeit, die nahe legt, die einzelnen Stufen hinsichtlich ihres Zusammenhanges mit den Emotionen von Mobbern und deren Opfern zu beleuchten. Folgende vier Phasen (vgl. Brinkmann, 1995) im Mobbingprozess haben ihr jeweils eigenes emotionales Gepräge:

1. Auftakt

Es besteht ein Konflikt, bei dem ein Kräftegleichgewicht vorherrscht, wobei die Rollenverteilung noch unklar ist. Keine der Parteien strebt erkennbar nach einer Konfliktlösung. Spannungen und Aggressionen schwelen unter der Oberfläche und es beginnt sukzessive ein offener Kampf.

Während dieser Phase entwickeln beide Seiten aktivierende negative Emotionen wie Ärger und Wut. Seitens des Mobbers scheint dies von Anfang an der Fall zu sein. Seitens des Mobbingopfers sind dem vermutlich Irritationen zeitlich vorgeschaltet, da es ja zunächst die Mobbingaktionen nicht einordnen kann und sich reaktiv verhält.

2. Eskalation

Der Konfliktauslöser tritt mehr und mehr in den Hintergrund und die Aggressionen nehmen zu. Ein Konfliktpartner beginnt, die persönlichen Grenzen seines Gegners zu überschreiten. Dieser wehrt sich mit der Zeit weniger und weniger, da seine Kraftreserven sich langsam aber sicher aufbrauchen.

Seitens des Mobbingtäters herrschen nach wie vor Ärger und Wut, aber in Verbindung mit der Befriedigung seiner Aggressionen auch eine gewisse Zufriedenheit und ein Sicherheitsgefühl. Die Gefühle des Mobbingopfers pendeln zwischen aktivierender Angst und (noch) aktivierender Verzweiflung.

In dieser Phase beginnt beim Mobbingopfer der Übergang von aktivierenden Emotionen zu deaktivierenden Emotionen. Seine Verteidigungshaltung geht daher mehr und mehr in eine resignative, inaktive Haltung über.

3. Resignation

Der Mobber agiert ohne Respekt vor seinem Gegenüber und seine Grenzüberschreitungen nehmen an Massivität und/oder Häufigkeit zu. Der Gemobbte zeigt kaum oder keinen Widerstand mehr. Seine emotionale Situation ist von Inaktivität geprägt.

Wut und Ärger könnten beim Mobbingtäter über Zufriedenheit und Sicherheitsgefühl in eine Art sadistische Freude an seinem Tun ausarten. Er hat die Erfahrung gemacht, dass seine Übergriffe von seiner Umgebung und vom Mobbingopfer nicht sanktioniert werden. Der Gemobbte fühlt sich dagegen hilf- und hoffnungslos, denn er lebt in der Gewissheit, dass, unabhängig davon, was er tut oder unterlässt, die Mobbingaktionen weitergehen werden.

4. Kapitulation

Der Gemobbte entwickelt psychosomatische Krankheitsbilder und seine innere Haltung gegenüber seinem Arbeitsumfeld ist geprägt durch Hoffnungslosigkeit und innere Kündigung.

Hoffnungslosigkeit kann beim Gemobbten übergehen in Resignation, Apathie und weiter in den Suizid, wenn die Situation nicht allerspätestens hier von außen beendet wird. Ein Mobbingopfer ist aber schon weit früher als solches erkennbar. Seine Fehlzeiten, krankheitsbedingt oder nicht, sein Dienst nach Vorschrift, seine bedrückte, einsilbige Haltung sprechen Bände.

Nun müssen Mobber nicht zwangsläufig eine sadistische Ader haben, wie es hier zunächst erscheinen mag. Manch eine Person, die eine andere mobbt, tut dies aus Angst, vermeintlich potentielle berufliche Schäden abwehren zu müssen. Mobbingmotive sind sehr vielfältig (vgl. Zuschlag,

Tab. 9: Emotionen im Mobbingprozess

Mobbingphasen	**Emotionen und Haltungen beim Mobbingopfer**	**Emotionen und Haltungen beim Mobbingtäter**
1. Auftakt	Irritationen Ärger Wut	Ärger Wut
2. Eskalation	Angst Verzweiflung	Ärger Wut Sicherheitsgefühl
3. Resignation	Hilf- bzw. Hoffnungslosigkeit	Zufriedenheit Sicherheitsgefühl evtl. Freude am Mobben
4. Kapitulation	resignative Haltung Apathie Suizidgedanken/ Suizid	Zufriedenheit Sicherheitsgefühl evtl. Freude am Mobben

1997) und eine allgemeine Mobberpersönlichkeit lässt sich ebenfalls nicht beschreiben. Allerdings haben Mobber insgesamt eine Tendenz, Probleme aggressiv zu lösen und dabei negative Folgen für andere bewusst in Kauf zu nehmen.

Eine typische Opfer-Persönlichkeit gibt es ebenfalls nicht (vgl. Brinkmann, 1995, S. 98 f.). Einzig die subjektive Wahrnehmung des Mobbers, dass das Mobbingopfer ihn auf die ein oder andere Weise „stört" oder „bedroht", reicht aus, um diesen Prozess in Gang zu setzen.

Kein Unternehmen, hat es auch eine noch so lebbare und akzeptable Kultur und Wertewelt, kann sich vor dieser Form von psychosozialem Stress hundertprozentig schützen. Sicherlich ist bereits bei der Personalauswahl einiges an Prophylaxe zu erreichen aber *den* Schutz vor potentiellen Mobbern gibt es nicht. Jedoch sollten einige Schutzmaßnahmen nie unterlassen werden: Wenn alle zukünftigen Mitarbeiter bei Einstellungsbeginn von den jeweiligen Führungskräften, mit denen sie zukünftig zusammenarbeiten, mit der Unternehmenskultur vertraut gemacht werden, ist der denkbar beste Zeitpunkt, sie auf das Thema Mobbing hinzuweisen und als Unternehmen klar Stellung zu beziehen. Folgende Themen sind dabei in Anlehnung an *Zuschlag* (1997) anzusprechen:

1. Die ablehnende Grundhaltung des Unternehmens hinsichtlich der Mobbing-Thematik sollte deutlich dargelegt werden.
2. Die Gefahren von Mobbing für die Gesundheit, das Betriebsklima, die Arbeitsleistung und den Unternehmenserfolg sollten betont werden.
3. Auf die vom Unternehmen genutzten Sanktionen gegenüber Mobbern sollte deutlich hingewiesen werden.
4. Darüber hinaus sollten Führungskräfte hinsichtlich der Mobbing-Thematik weitergebildet sein.

Aktuelles Mobbinggeschehen sollte jederzeit gemeldet werden können. Das bedeutet, dass der damit verbundene Mut auch auf entsprechende tätige Aufmerksamkeit stoßen sollte und nicht einfach verpufft. Um potentiellen Mobbern von vornherein so wenig Raum für ihre Aktivitäten zu geben, wie nur möglich, kann ein Unternehmen an mindestens zwei Hebeln ansetzen:

1. Organisationsstrukturen sind dahingehend zu optimieren, dass sozial integrative Führungsstile auch in Belastungsphasen möglich bleiben. Damit einher gehen optimierte Arbeitsbedingungen, deren Konfliktpotential möglichst niedrig ist. Das bedeutet vor allem:
2. Kooperation und Kommunikation in und zwischen Teams, zwischen Führungskraft und Mitarbeiter, und zwischen Kollegen sind dauerhaft zu verbessern.

Wenn das Kind dennoch in den Brunnen gefallen ist, so hat das Mobbingopfer seit kurzem einen verbesserten Status im Rahmen eines Gerichtsverfahrens, denn seine Aussage hat nun denselben Rang, wie die eines Zeugen (Aigner, 2001).

5.3 Umgang mit Befürchtungen

Begründete Ängste machen leider oft stumm. Wenn innerhalb der Belegschaft eines Unternehmens bereits die Erfahrung gemacht wurde, dass ehrliche Kritik an verbesserungswürdigen Vorgängen sanktioniert wird, so wird sich bald niemand mehr in diese Situation bringen wollen. Die Mitarbeiter verhalten sich nach dem Motto: „Da halte ich mich mal schön raus."

Die Kommunikation ist in diesem Falle „verstümmelt". Es wird nur noch oberflächlich über ausgewählte, ungefährliche Themen gesprochen. Die grundlegenden Probleme werden gerade nicht angesprochen und somit auch nicht gelöst.

Allerdings geht es auch anders. Um Kapitel 6.4 nicht allzu sehr vorzugreifen, sei hier darauf hingewiesen, dass seitens der Person, die berufsbedingte Ängste hegt und seitens deren Vorgesetzten das kleine Wörtchen „sofort" gilt. Voraussetzung, dass über solche Themen gesprochen wird, ist die beiderseitige Erfahrung, dass man miteinander auf vertrauensvolle und wertschätzende Art und Weise umgeht.

Gelegentlich ist für einen Mitarbeiter nicht der Vorgesetzte mit der Vertrauensperson gleichzusetzen. In diesem Falle gilt es, sich der eigentlichen Vertrauensperson im Umfeld zuzuwenden. Grundsätzlich gilt allerdings für Führungskräfte, ein Klima zu schaffen, in dem es den Mitarbeitern möglich ist, über solche Themen klärende Gespräche führen zu können. Denn genau dann können die Angstintensitäten sinken und Hoffnung erhält mehr und mehr Raum.

5.3.1 Befürchtungen im Unternehmen

Die mit der Führungsthematik wohl am ehesten verbundenen Ängste sind (Panse und Stegmann, 1996):

1. Angst davor, Fehler zu machen,
2. Angst, Wertschätzung und Anerkennung zu verlieren,
3. Angst vor Konkurrenten,

4. Angst vor Autoritätsverlust,
5. Angst vor Innovationen,
6. Angst, Mitarbeitern nicht gerecht zu werden,
7. Angst vor Fehlinformation,
8. Angst vor Überforderung,
9. Angst, überflüssig zu sein,
10. Angst vor Spielraumeinengung.

Da Sie als Führungskraft eine exponiertere Stellung im Unternehmen haben, werden ihre Aktivitäten und damit auch ihre Fehler eher bemerkt, kommentiert und mit (in-)offiziellen Konsequenzen versehen. Die daraus in Ihnen entstehende öffentliche Selbstaufmerksamkeit (vgl. Kap. 3.1) fördert andere der o. g. Befürchtungen – quasi als die bedrohlichen Konsequenzen von fehlerhaftem Verhalten. Ein Beispiel ist in Abb. 10 verdeutlicht.

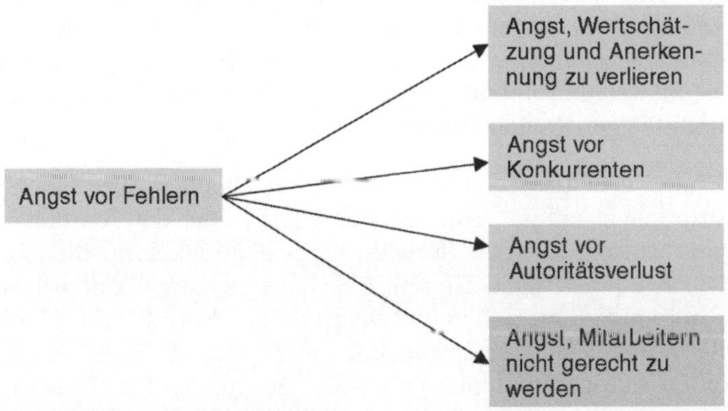

Abb. 10: Führungsängste

Insofern ist es verständlich, wenn diese Sozial- und Leistungsängste im Managementsektor entstehen. Darüber hinaus sollten wir uns aber fragen, durch welche Bewertungsstile wir dazu kommen, diese Ängste unbotmäßig zu intensivieren und wie wir diese Ängste wieder auf ein Intensitätsniveau zurückstufen können, das uns zwar warnt, aber nicht blockiert.

5.3.2 Umbewertungsmechanismen

TRAIT-ängstliche Menschen haben ein erhöhtes Körpergefühl. Man kann sagen, das die somatischen Marker (vgl. Kap. 1.3 und 5.2.1) besonders stark anschlagen und eine stressende Situation als bedrohlich bewertet wird, weil die Bewältigungsfähigkeiten als defizitär eingeschätzt werden. Uns trifft dann die berühmte Faust im Magen. Diese Intensität der körperlichen Empfindungen und deren Interpretation zusammen mit den Bewertungen der Situation und der eigenen Bewältigungsmöglichkeiten öffnen Tür und Tor für hohe Angstgrade.

Also wo können wir den Hebel ansetzen, um die hohen Angstintensitäten auf ein realistisches Maß zurückzuschrauben und damit letzten Endes unsere Effizienz und die unserer Mitarbeiter zu steigern? In aller erster Linie bei den sekundären Bewertungen (vgl. Kap. 5.2), unseren Bewältigungsfähigkeiten und -möglichkeiten, die es in Richtung Neubewertung umzubewerten gilt, indem wir sie auf ihren Realitätsgehalt überprüfen.

Umbewertungsmechanismen berühren daher unsere Denkstile sowie einige grundlegende Fragen, die der Realitätsüberprüfung unserer Bewältigungsmöglichkeiten dienen. Diese können dazu führen, eine eigene klare Standortbestimmung zu erreichen und durch diese innere Klarheit Befürchtungen in realistische Bahnen zu lenken. Es gilt also, einen rationaleren inneren Dialog zu etablieren. Erinnern wir uns daher noch einmal an die Denkstile der Angst (vgl. Kap. 4.3.1):

1. *Angst vor Misserfolg* geht mit folgendem Denkstilmuster einher:

- Meine Fähigkeiten (internal) reichen möglicherweise nicht aus (eventuell unkontrollierbar).
- Diese Erfahrung habe ich bisher immer wieder gemacht (stabil).

– Und zwar in ebendiesem (spezifisch) oder in verschiedenen Bereichen (global).

Die Frage ist nun, wo genau die Wahrheit liegt. Es gilt, die Internalität und die Kontrollierbarkeit genauer zu überprüfen. Es kann nicht der Realität entsprechen, dass eine Person sich als wirkungslos (Unkontrollierbarkeit) in einem Sektor ansieht, in welchem sie ausgebildet ist! Es macht weit mehr Sinn, alle verfügbaren Handlungsmöglichkeiten (Internalität) zu ermitteln und diejenige auszuwählen, die einem am effizientesten erscheint. Wer dazu im angstvollen Zustand zu wuselig im Kopf ist, sollte eine Vertrauensperson bitten, bei dieser objektiven Auswahl zu helfen. Es gilt in jedem Falle, die eigene Aufmerksamkeit auf die Sache zurückzuführen.

Leicht zu überprüfen sind die „Ich kann nicht…“-Sätze, die eigene Fähigkeiten und damit die Internalität repräsentieren. Ersetzen Sie diese Behauptung mal mit „Ich will nicht…“. Ängstliche Persönlichkeiten können weit mehr, als sie glauben. Sie wollen etwas nicht tun, weil sie befürchten, Fehler zu machen und die Konsequenzen tragen zu müssen. So nehmen sie sich jedoch auch Erfolgsmöglichkeiten und damit die Chance, ihre Befürchtungen langfristig abzubauen.

Weitere destruktive Denkmuster sind Sätze, die mit „Ich soll…“ oder „Ich muss…“ beginnen. Dabei werden persönliche Entscheidungen, Wünsche oder Neigungen in gottgegebene Anforderungen umgedeutet, denen man sich dann hilflos ausgeliefert fühlt. Ein solches Denkmuster kann man sehr gut auf seinen Realitätsgehalt überprüfen, indem man „Ich soll…“ oder „Ich muss…“ mit „Ich möchte gern…“ „Ich will…“ oder „Ich habe mich dafür entschieden…“ ersetzt.

Eine weiter unzulässige Verallgemeinerung versteckt sich hinter der Stabilitätsdimension. Es ist sehr fraglich, ob eine ängstliche Persönlichkeit tatsächlich „immer“ und „jedes Mal“ Misserfolge in bestimmten Arbeitsbereichen zu verzeichnen hatte. Es kann sich eigentlich nur um einzelne negative Ereignisse handeln, die es auch als solche zu bewerten gilt. Dazu ist es sehr nützlich, nach Ereignissen zu suchen, die in der Vergangenheit erfolgreich verlaufen sind: „Ist es tatsächlich wahr, dass ich immer…?“ ist hierbei die Frage der Wahl. Wahrscheinlich stößt man auch auf erfolgreich gelöste Probleme im selben Sektor, die man bisher nicht anerkannt hat. Oder man erkennt, dass man nicht alleine Anlass für den Misserfolg war.

Ängstliche Persönlichkeiten tendieren dazu, einzelne Misserfolgsereignisse auf andere Bereiche zu generalisieren. Sprich: Was einem in diesem Bereich passiert ist, kann einem auch in anderen Bereichen passieren. Es gehört allerdings schon eine gewisse Portion Vorsätzlichkeit dazu, mit offenen Augen in anderen Bereichen dieselben Misserfolge hervorzubringen. Die entsprechende Frage, die diesen Glaubenssatz in die Realität zurechtrücken kann, ist: „Passiert mir das … tatsächlich immer auch in anderen Bereichen?“ Selbst wenn man andere Bereiche finden sollte: „Bin es tatsächlich immer und ausschließlich ich, der für die Misserfolge verantwortlich ist?“ Ein Gesetz der Serie gibt es dabei nämlich nicht.

Tab. 10: Überprüfung der Denkstile bei Angst vor Misserfolg

Angst vor Misserfolg	
Denkstil	**Gegenfragen**
Internal	Welche Handlungsmöglichkeiten habe ich tatsächlich?
Stabil	Ist es tatsächlich wahr, dass ich immer…?
Global/spezifisch	Passiert mir das … tatsächlich immer auch in anderen Bereichen?
Unkontrollierbar	Habe ich tatsächlich keinen Einfluss auf das Ergebnis?

2. *Angst nach Erfolg* unterliegt folgendem Denkstilmuster:

- Das lag wohl an etwas anderem (external), aber nicht an mir.
- Das war wohl ein einmaliger Treffer (variabel).
- Und zwar in ebendiesem (spezifisch) oder in verschiedenen Bereichen (global).
- Ich habe da wohl keinen Einfluss drauf gehabt (eher unkontrollierbar).

Die externale Dimension, eingetretene eigene Erfolge nicht sich selbst zuzuschreiben, ist eine typische Haltung von ängstlichen Persönlichkeiten. Solche Erfolge werden schnell als Zufall oder Glück abgewertet und nicht als willkommener Erfahrungswert, den es auszubauen gälte. Besser wäre es, sich konstruktiv damit zu befassen, wie man die Erfahrungswerte auf zukünftige Situationen übertragen kann, um weitere Erfolge wahrscheinlicher zu machen. Und vor allem gilt es, den Erfolg sich selbst in eben dem Maße zuzuschreiben, in dem man daran Anteil hatte.

Darüber hinaus wird dieser Erfolg als unplanbar (variabel) angesehen. Somit rückt er in unerreichbare Ferne. Dabei sollte viel eher die Frage im Raume stehen: „Was ist mein realer Anteil am Erfolg gewesen und wie kann ich dazu beitragen, dass sich solche Erfolge in Zukunft wiederholen können?"

„Bin ich wirklich in diesem Bereich, oder/und in anderen Bereichen (spezifisch/global) ebenfalls, trotz des eingetretenen Erfolges erfolglos?" Diese Frage zeigt die gesamte Schwere des Bewertungsfehlers, dem ängstliche Menschen aufsitzen: Wenn ein Erfolg eingetreten ist, muss man ja wohl etwas damit zu tun gehabt haben – von nix kommt ja bekanntlich nix. Also hat man wenigstens zu einem Teil das Ergebnis mit hergeleitet und ergo hatte man auch ein gewisses Maß an Kontrolle darüber.

Tab. 11: Überprüfung der Denkstile bei Angst nach Erfolg

Angst nach Erfolg	
Denkstil	**Gegenfragen**
External	Was ist mein realer Anteil am Erfolg gewesen und…
Variabel	…wie kann ich dazu beitragen, dass sich solche Erfolge in Zukunft wiederholen?
Global/Spezifisch	Bin ich wirklich in diesem Bereich (oder/ und in anderen Bereichen ebenfalls) trotz des eingetretenen Erfolges erfolglos?
Unkontrollierbar	Hatte ich tatsächlich keinen Einfluss auf das Ergebnis?

Wir wissen jetzt, dass wir alle dazu neigen, unsere Erfahrungen durch das Nadelöhr unseres Selbstwertes hindurch zu sehen und daher sehr dazu tendieren, nur solche Erfahrungen in uns aufzunehmen, die zu unserem Selbstbild passen (Selbstkonsistenz). Ist unser Selbstbild unrealistisch negativ, so entwickeln wir stabile negative Denkstile, durch die wir recht rigide unsere Erlebnisse interpretieren. Negative Denkstile basieren dann auf der Gleichsetzung von Glauben und Wissen. Wenn ich glaube, dass ich erfolglos sein werde, weil ich es in meinen Augen immer war, dann muss ich erst mal beweisen, dass es auch in Zukunft immer so sein wird. Ich kann meinen Glauben nicht einfach als Wissen über eine unverrückbare Wahrheit hinstellen.

Insgesamt läuft die Hinterfragung der Denkstile bei Angst darauf hinaus, mehr die realitätskonforme, zuversichtliche Haltung von echter Hoffnung einnehmen zu können (vgl. Kap. 4.2.1). Dabei sollte klar sein: so etwas passiert nicht von heute auf morgen. Sich die eigenen Denkstile vor Augen zu führen bedeutet, am Anfang eines Prozesses zu stehen, der a) lange dauert und b) mit Rückschlägen in alte Denkmuster behaftet sein wird, was völlig normal ist. Daher ist es sinnvoll, mit Personen des eigenen Vertrauens hin und wieder die eigenen Denkstile und die damit verbundenen Fragen durchzusprechen. Vier Augen sehen ja bekanntlich mehr als zwei.

5.4 Zusammenfassung

In diesem Kapitel wurden einige Ursachenbereiche von Befürchtungen und Hoffnungen betrachtet. Zum einen das Selbstkonzept und zum anderen Stress und als dritter Bereich, der sich daraus ergibt, unsere Denkstile.

Zunächst geht es um unser Selbstkonzept, welches uns in die Lage versetzt, Informationen in unser individuelles Erfahrungswissen einzuordnen. Selbstkonzepte kann man als hierarchisch organisiert verstehen, was auch erklärt, warum wir manche Kritik gut annehmen können und manche nicht. Ersteres passiert, weil die Kritik nur ein Postulat niedrigerer Ordnung betrifft, Letzteres, weil sie ein Postulat höherer Ordnung betrifft, was man nicht so einfach ändern kann. Also Vorsicht, bei dem was man am anderen kritisiert.

Emotionen entstehen, weil wir mit Situationen konfrontiert werden, die uns etwas bedeuten. Je nach dem, ob die jeweiligen Informationen in unser Selbstkonzept passen, oder nicht, entwickeln wir eher positive oder eher negative Emotion. Angst entsteht, wenn wir Informationen nicht in unsere Schemata integrieren können, und sich Verunsicherung breit macht. Hoffnung, wenn Informationen weitgehend passen und wir mit den weniger integrierbaren Bereichen leben können.

Das Stresskonzept von *Lazarus* besagt im Kern, dass unsere Emotionen davon abhängen, ob wir unsere Umwelt gerade als bedrohlich oder herausfordernd ansehen. Dies hängt davon ab, wie wir unsere eigenen Bewältigungsmöglichkeiten einschätzen.

Zuviel und zu lang andauernder Stress, wie es beispielsweise bei Mobbing der Fall ist, verursacht deaktivierende und damit demotivierende Emotionen sowie psychosomatische

Krankheiten. Kein Unternehmen kann sich davor wirklich schützen, aber es gibt durchaus einige Hebel, wo im Sinne einer Mobbingprophylaxe angesetzt werden kann.

In jedem Unternehmen sind Befürchtungen und Hoffnungen an der Tagesordnung. Aber besonders die mit Befürchtungen einhergehenden Denkstile sind nicht immer realitätskonform. Daher sind manche Ängste auch nicht in ihrer hohen Ausprägung gerechtfertigt und manche Hoffnungen sind ebenfalls eher oberflächlich. Es gilt daher, die eigenen Denkstile einer kritischen Überprüfung zu unterziehen.

6. Führung und Emotionen

Management hat viele Facetten: Führungskräfte sollen Modelle für die Mitarbeiter sein, sie sollen die Mitarbeiter zur optimalen Leistungsfähigkeit entwickeln, sie sollen sie in Problemsituationen coachen können und insgesamt deren Motivation erhalten. Also beinhaltet der Führungsprozess:

- Modellcharakter,
- Personalentwicklung,
- Coaching,
- Motivation.

Führungskräfte sind sowohl den Unternehmensinteressen als auch den Mitarbeiterinteressen verpflichtet. Weiterhin sollen Führungskräfte zu Empathie, Wertschätzung, Selbstvertrauen, Überzeugungskraft, Kooperation, Konsensbildung, Kompetenz, logisch-analytischem Denken, intuitiv-ganzheitlichem Denken, hoher Leistungsmotivation, Optimismus, Stabilität, Schnelligkeit, Ehrlichkeit und situativer Flexibilität in der Lage sein. Diese Liste ließe sich beliebig fortsetzen. Daher sollten wir uns dringend beschränken:

> In allem, was im Führungsprozess anfällt, sollte Führung darauf ausgerichtet sein, eine echte, realistische Hoffnung der Mitarbeiter und Kollegen zu mobilisieren. Dies gelingt durch:
> - Ehrlichkeit,
> - Empathie,
> - Wertschätzung/Respekt.

Goleman (1999, S. 44) fand heraus, dass 67% der bei Einstellungen gewünschten Kompetenzen im emotionalen Sektor verankert sind. Und je höher man auf der Hierarchieleiter aufsteigt, desto mehr an sozialer Kompetenz ist erforderlich, um ein Unternehmen, bzw. Bereiche desselben zu führen. Denn Führung bedarf immer des Talentes der Integration unterschiedlichster Mentalitäten. Und das wird mehr und mehr spürbar, je mehr Mitarbeiter man zu führen hat.

Im Grunde genommen entzieht sich der Führungsbegriff damit jedweder Regelhaftigkeit. Wir wüssten zwar nur allzu gern, welches Führungsinstrument wir in einer bestimmten Situation aus unserem Methodenköfferchen hervorholen müssen. Aber letztlich sind wir in der beruflichen Praxis allzu häufig darauf angewiesen, schnell und originell zu führen. Und warum auch nicht? Sozialkompetenz gepaart mit gelegentlichen unkonventionellen Lösungen ist nicht immer die schlechteste Kombination.

6.1 Führungsstile

Früher oder später beginnt jede Führungskraft, ihre Führungsstile zu hinterfragen. Das eigene Selbstkonzept passt sich den Erfahrungen mehr und mehr an und so korrigiert man im Management gelegentlich seine Führungshaltung. Veränderungen des eigenen Führungsstils sind jedoch nicht von heute auf morgen zu erreichen. Es wird dauern, bis sich erste Veränderungen durchsetzen und man wird sicherlich auch Rückfälle in alte Verhaltensmuster erleben. Aber mit der Zeit werden diese immer weniger, bis das neue Verhalten sich durchsetzt. Von zentraler Bedeutung ist dabei die Selbstwahrnehmung. Diese sollte kritisch aber nicht unrealistisch und auch nicht destruktiv ausfallen. Konstruktive Kritik sich selbst gegenüber erweitert den Blick für die Verbesserungsmöglichkeiten. Besonders leistungsstarke Führungskräfte haben eine ausgeprägte Selbstwahrnehmung und wissen daher gut über sich selbst Bescheid.

Unabhängig davon, wie man entsprechend seines Menschenbildes führt, ist zu beachten, dass, sobald ein Mitarbeiter mit einem Problem zur Führungskraft kommt, diese auf das eingehen sollte, was das eigentliche Problem des Mitarbeiters darstellt: Wenn der Mitarbeiter rein fachliche Fragen hat, bedarf er eines rein fachlichen Rates. Ist er aber darüber hinaus emotional betroffen, so muss der Mitarbeiter im Gespräch den Freiraum bekommen, sich mit diesem negativen Gefühl auseinander zu setzen. In dem Falle gilt die Aufmerksamkeit der Führungskraft der emotionalen Befindlichkeit. Dabei sollte man bedenken, dass eine Führungskraft nicht jedes Problem für die Mitarbeiter lösen kann. Die Aufgabe eines Managers ist es gelegentlich auch, Lösungslosigkeit auszuhalten – besonders, wenn es um emotionale Schieflagen bei anderen Menschen geht. Denn in diesem Falle ist nicht die Führungskraft der Spezialist, sondern derjenige, der die Emotionen in sich spürt. Er wird der Führungskraft verbal oder nonverbal zu verstehen geben, ob im Gespräch die Richtung noch stimmt. Vorausgesetzt, man redet miteinander auf einer wertschätzenden und empathischen Ebene.

Damasios' somatische Marker (vgl. Kap. 1.3.1) sind die Basis für das Empfinden eigener Gefühle. Die daraus entstehenden Erfahrungen mit Emotionen ermöglichen es uns, empathisch gegenüber unseren Mitmenschen zu sein. Und Empathie ist die Basis für angemessene Kommunikationsstile. Wir spüren ja auch bereits die Stimmung unseres Kollegen, wenn dieser den Raum betritt und noch kein Wort gesagt hat. Wie oft fragt man dann intuitiv: „Na, kein guter Tag heute?"

Das größtmögliche Maß an Verständnis für und Wissen um unser Umfeld erhalten wir, wenn die Menschen uns das, was wir erfahren wollen, auch wahrheitsgemäß mitteilen. Dass sie dies tun, liegt in unserer Verantwortung. Angst ist ein schlechter Ratgeber, wenn es um die Wahrheit geht. Hoffnung ist hingegen ein guter. Wenn unsere Mitarbeiter uns als ihren Vorgesetzten geradezu als Ressource begreifen, auf die sie vertrauensvoll zurückgreifen können, dann werden sie dies im Ernstfall auch tun. Und dann können sie es sich leisten, wahrheitsgemäß zu schildern, wo sie Unterstützung brauchen. Die Führungskraft kann es sich dann wiederum leisten, auf ein *Management by running around* weitgehend zu verzichten.

Wenn Mitarbeiter der Führungskraft das dazu notwendige Vertrauen entgegenbringen, liegt es daran, wie die Führungskraft sich den Mitarbeitern gegenüber zeigt. Echtheit, das bedeutet, die eigene Persönlichkeit in angemessenem Maße zu zeigen, ist dabei ein realistischer Weg. Lässt eine Führungskraft ihre Persönlichkeit völlig zuhause, so vergrößert sie die Basis für Missverständnisse. Denn das, was eine Führungskraft sagt, sollte immer auch übereinstimmend erkennbar sein als das, was sie meint.

6.1.1 Autoritäre Führung

Ein durchgehend autoritärer oder direktiver Führungsstil, der innerhalb einer starken Hierarchisierung auch heute noch gelegentlich auftreten kann, birgt nur eine sehr geringe Wahrscheinlichkeit von Vertrauen und damit Hoffnung seitens der Mitarbeiter. Diese fühlen sich ja nicht nur unterlegen, sie sind es auch. Schließlich ist dies in diesem Kontext die gelebte Unternehmenskultur.

Allein die Tatsache, dass nicht jeder Mitarbeiter mit demselben Führungsstil gleich gut ansprechbar ist, und gar die Tatsache, dass ein autoritärer Führungsstil dazu führen kann, dass wichtige Informationen von Mitarbeitern nicht abgefragt oder gegeben werden – aus Angst vor Kritik und Sanktionen seitens der Führungskraft –: alldies führt zu Unsicherheiten innerhalb der Belegschaft, die sich durch Unlust und Demotivation manifestieren.

Es kann jedoch in Extremsituationen dazu kommen, dass ein direktiver Führungsstil das Mittel der Wahl darstellt. Allerdings gilt dies für Situationen, in denen das Unternehmen oder Teile desselben existenziell bedroht sind und kurzfristige massive Maßnahmen eingeleitet werden müssen. Dies ist die Aufgabe sogenannter „troubleshooter", also von Managern, die in solchen Situationen für eine gewisse Zeit das Unternehmen straff führen. Sobald dieses wieder einen Normalzustand erreicht hat, ist dieser Führungsstil allerdings abzulegen und durch einen weniger direktiven Stil zu ersetzen. Dass die Mitarbeiter über solche Führungsstilwechsel von vornherein zu informieren sind, ist fraglos das Gebot der Stunde.

6.1.2 Laissez-faire-Stil

Bei einem ausgeprägten laissez-faire-Stil entwickelt sich wenig Hoffnung und damit keine wirklich begehbare Vertrauensbasis, denn den Mitarbeitern wird zuviel an Freiraum durch zuwenig an Informationen zugemutet. Der mit einer solchen Führungshaltung häufig einhergehende Satz „Sie machen das schon…“ ist für Mitarbeiter, die ein Bedürfnis nach Anleitung haben – und das sind je nach Schwierigkeitsgrad der Aufgabe nicht wenige –, demotivierend und fördert Misserfolge. Hinter einem solchen Satz kann auch der Wunsch einer Führungskraft stecken, sich von unliebsamen Arbeiten zu entlasten. Mitarbeiter spüren diese Tendenz zur „Scheindelegation“ und reagieren innerlich mit Unmut.

Insgesamt erklärt es sich nun auch, warum wir alle – Vorgesetzte und Mitarbeiter – nichts damit anfangen können, wenn jemand zu uns sagt: „Das schaffst Du schon, Du bist doch eine so gute Führungskraft/ein so guter Mitarbeiter.“ Was soll es uns auch nützen, wenn ein Postulat höherer Ordnung (vgl. Kap. 5.1) gestreichelt wird, wir aber in einem Unterkonzeptbereich konkretere Hilfe benötigen?

Ein solcher Führungsstil kann also nur gezielt bei solchen Mitarbeitern eingesetzt werden, die erfahrungsgemäß in der Lage sind, autonom an ein Problem heran zu gehen und es zu lösen. Als Führungskraft sollte man daher wissen, ob die jeweiligen Mitarbeiter aufgrund ihrer Erfahrung im jeweiligen Aufgabenlösungsprozess und aufgrund ihrer Persönlichkeit solche Freiräume tatsächlich begrüßen.

6.1.3 Management by Objectives

Führen durch Zielvereinbarung betont weitere bedeutsame Aspekte in der Führungsdiskussion. Hierbei werden innerhalb des Unternehmens Ziele kommuniziert und kontrolliert. Dies können Sektoral- bis hin zu Abteilungsziele sein. Die Ziele werden im Gegenstromverfahren zusammen mit den Mitarbeitern auf ihre Machbarkeit hin überprüft und gegebenenfalls dahingehend korrigiert. Das bedeutet, die Führungskräfte erstellen Ziele und ermitteln die Zielpläne. Für die Ablaufpläne sind die Mitarbeiter dann weitgehend selbst verantwortlich. Gegenstromverfahren meint daher, dass Ziele nicht nur von „oben nach unten", sondern auch von „unten nach oben" kommuniziert werden. Weiterhin werden die Realisierungsprozesse der Zielerreichung durch Abweichungsanalysen ständig überprüft und ebenfalls gegebenenfalls korrigiert.

Dabei ist grundsätzlich zu beachten, dass klar formulierte, und vor allem realistische Ziele für alle in einem Unternehmen arbeitenden Menschen ein Hauptmotivator sind. Daher sollten alle Beteiligten mindestens wissen

- wozu welches Ziel genau dient,
- wie es messbar und damit, wann es erreicht ist, wobei Ober- und Untergrenzen festzulegen sind,
- welche Zwischenziele wann realisiert sein sollten.

Dabei ist zu betonen, dass Ziele nicht so formuliert werden, dass sie mit anderen Zielbereichen kollidieren, als da sind:

- Unternehmensziele,
- Abteilungsziele,
- Gruppenziele,
- Individualziele,
- Umweltziele.

An Führungsanforderungen bedeutet dies:

- Ziele an den Unternehmensinteressen und nicht an Ressortinteressen ausrichten,
- Zieltransparenz in der Kommunikation erreichen – am besten horizontal und vertikal,
- Überprüfung der aktuell erreichten Teilziele der Abteilung und des Sektors,
- dabei – soweit notwendig – Kurskorrekturen kommunizieren und realisieren,
- den Mitarbeitern Hilfestellung bei eintretenden Realisierungsproblemen geben.

Oft wird das Argument angeführt, dass alle Ziele quantifizierbar – also in Zahlen, Daten und Fakten repräsentierbar – sein müssen, um überhaupt überprüft werden zu können. Und gerade „weiche“ Ziele, wie z.B. Arbeitszufriedenheit und damit positive Arbeitsemotionen seien schwer zu messen. Allerdings spiegeln sie sich in „harten Fakten“ durchaus wider, wie beispielsweise der Jobfluktuation und dem Betriebsergebnis. Steigt erstere beständig an oder ist bereits auf einem hohen Level, sind die Ursachen dafür in der Regel ebenfalls deutlich erkennbar.

Wenn beispielsweise Quartalsziele im Vertrieb rigide von der Unternehmensspitze vorgegeben werden und die Nicht-(ganz)-Erreichung mit punktuellen quartalsmäßigen Kündigungen verbunden ist, so werden Führungskräfte und die Mitarbeiter in einem solchen unsicheren Arbeitsklima nicht länger als nötig arbeiten wollen. Die Motivation basiert in einem solchen Falle nur auf der Angst vor negativen Konsequenzen, die es zu vermeiden gilt, wobei die einzelnen Angstgrade durchaus eine Intensität erreichen können, welche die Leistungsqualität und -quantität negativ beeinflussen. Führungskräfte und Mitarbeiter sind dann lediglich motiviert, den Schaden klein zu halten, indem sie zum Beispiel auf die ein oder andere Art die Zahlen schönen. Oder sie sind motiviert, sich einen anderen Arbeitsplatz zu suchen.

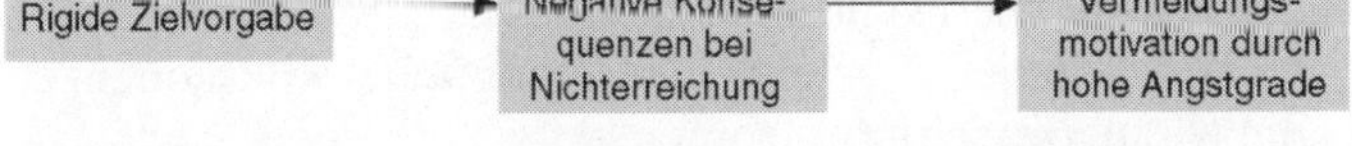

Abb. 11: Zusammenhang zwischen rigidem MbO und Angst

Mittel- und kurzfristige Ziele sollten nicht nur mit Ober- und Untergrenzen versehen werden, um langfristig eine bestimmte Marge des Unternehmenswachstums zu erreichen. Wenn solche Quartalsziele – bleiben wir beim Vertrieb – gelegentlich nur annähernd erreicht werden, und sich daraufhin die Beteiligten vielleicht sogar abteilungsübergreifend, jedenfalls aber konstruktiv mit den Ursachen auseinandersetzen, so schwindet die Tendenz, Zahlen zu schönen oder sich einen neuen Wirkungskreis zu suchen. Vielmehr sind die Beteiligten hoffnungsvoll und erfolgsmotiviert, was die Wahrscheinlichkeit massiv erhöht, dass zukünftig die Quartalsziele erreicht werden.

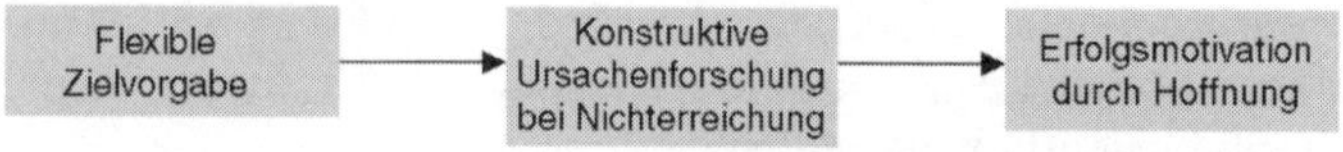

Abb. 12: Zusammenhang zwischen flexiblem MbO und Hoffnung

MbO ist daher – korrekt angewandt – eine Chance für die Leistungsmotivation und damit für die Pflege von Leistungsfreude, Stolz und Hoffnung. Neugier, Kreativität und Interesse der Mitarbeiter sind weitere leistungsfördernde Einstellungen, die mit adäquat angewendetem MbO einhergehen können.

Allerdings bietet MbO auch weitere Fallen, die leistungsmindernde, negative Emotionen mit sich bringen können:

- Eine massive Falle besteht in der Nichtbeachtung vom Gegenstromverfahren. Ziele nach unten zu kommunizieren, ohne deren Erreichbarkeit in den Abteilungen zu hinterfragen, ist für die Mitarbeiter demotivierend und fördert lediglich deren Grübeleien über mögliche Konsequenzen bei Nichterreichung.
- Eine weitere Falle besteht in möglichen Zielkonflikten. Wenn beispielsweise in Abteilung A und in Abteilung B eines Unternehmens Ziele vorgegeben werden, und Abteilung A dazu einige der Ressourcen von Abteilung B benötigt, Abteilung B nun wiederum völlig mit ihrer eigenen Zielerreichung ausgelastet ist und diese Ressourcen für Abteilung A nicht freistellen kann, so sind letztlich die Ziele beider Abteilungen gefährdet. Es können sich daraus Konflikte und Interessenkollisionen zwischen den Abtei-

lungen ergeben, was zu handfesten Auseinandersetzungen führen kann.

- Eine dritte Falle besteht in zu wenig oder zu viel an Kontrolle. Beide Extreme haben zur Folge, dass Mitarbeiter langfristig resignieren, weil sie entweder zu wenig oder zu viel Informationen, und damit Einschränkungen erfahren, welche die Zielerreichung behindern.

6.1.4 Situatives und vernetztes Führen

Führungspersonen können vernetzt, mitarbeiter- und aufgabenorientiert sowie situationsgerecht führen. Dabei ist ein Grundsatz beachtenswert: Dass ich als Führungskraft in dem Moment auch mal die Führung abgeben kann, wenn ein Kollege oder Mitarbeiter im Bezug auf eine bestimmte Problematik fundiertere Kenntnisse aufweist als ich.

Eine Führungskraft kann nicht alles wissen, wohl aber kann sie das in Erfahrung bringen, was gerade vonnöten ist.

Insofern sind Führungskräfte „Netzwerker", die ein Netz von Ansprechpartnern innerhalb und durchaus auch außerhalb des Unternehmens knüpfen und pflegen, auf welches sie für sich und für ihre Mitarbeiter im geeigneten Moment zurückgreifen können. Dies impliziert ein hohes Maß an Sozialkompetenz, die sich eine Führungskraft im Laufe ihres Lebens zu einem gewissen Maß aneignen kann. Kern dieser Sozialkompetenz ist wiederum die eigene Echtheit. Ohne diese verkommt Sozialkompetenz zum mehr oder weniger durchschaubaren Possenspiel.

Situatives Führen meint aber mehr, als Netzwerke durch Sozialkompetenz aufbauen zu können. Dahinter steht die Frage: „Kann ich dem Mitarbeiter diese Aufgabe entsprechend seines momentanen Entwicklungsstandes delegieren?"

Situatives Führen impliziert zum einen, dass die Führungskraft weiß, inwieweit der Mitarbeiter aufgrund seiner Fähigkeiten und Fertigkeiten – *Hersey* und *Blanchard* (1977) nennen dies den Entwicklungsstand des Mitarbeiters – in der Lage ist, eine Aufgabe selbständig zu erledigen (mitarbeiterorientiert). Zum anderen muss die Führungskraft um die möglichen Probleme, die diese bestimmte Aufgabe mit sich bringt, wissen. Das bedeutet, sie muss den Schwierigkeitsbeziehungsweise Komplexitätsgrad der Aufgabe kennen (aufgabenorientiert). Und last but not least sollte die Führungskraft abschätzen können, in welcher Umgebungssituation sich der Mitarbeiter momentan befindet, sprich, ob und welche externen Ressourcen dieser zur Aufgabenlösung in Anspruch nehmen kann (situationsgerecht). Das impliziert zusammengenommen o.g. Frage, ob der Mitarbeiter durch die Übertragung einer neuen Aufgabe unterfordert, gefordert oder sogar überfordert sein könnte.

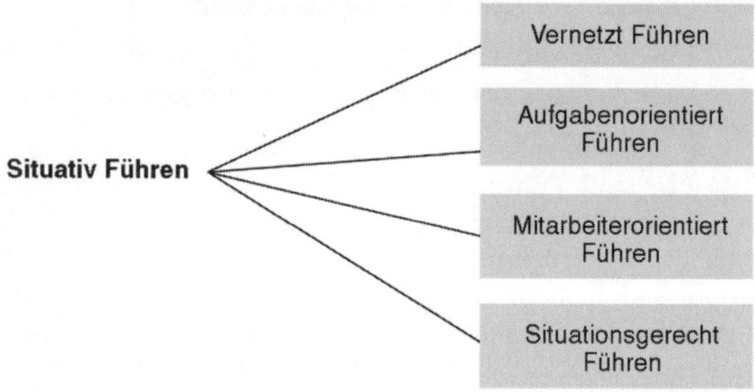

Abb. 13: Situatives Führen

Situatives Führen ist also nicht dasselbe wie situationsgerechtes Führen! Letzteres beschreibt lediglich die Haltung des Managers gegenüber der Situation, in welcher der Mitarbeiter sich hinsichtlich seines Arbeitsumfeldes gerade befindet. Ersteres meint die geistige Integration und die Umsetzung aller in Abb. 13 vorhandenen Parameter.

Aber: Oftmals müssen Ergebnisse schnell erzielt werden und der Führungskraft bleibt nicht die Zeit, all die genannten Parameter abzuwägen. Oftmals sind die Problemfelder, die in eine Führungsentscheidung hineinspielen, so umfangreich und massiv, dass die Führungskraft eigentlich nur eines tun kann: sich neben ihrer Fach- und Menschenkenntnis auf ihren Instinkt sensu somatische Marker verlassen und entscheiden.

In diesem Sinne meint situatives Führen auch den Mut zur Originalität, respektive Kreativität. Wenn man bereit ist, gelegentlich „originell“ zu führen und von den „Trampelpfaden“ abzuweichen, so kann dies nur gelingen, wenn Echtheit, Wertschätzung und Transparenz in der Kommunikation der Führungskraft deutlich gegeben sind.

Der Wandel in der Unternehmenskultur innerhalb der letzten dreißig Jahre spiegelt diesen Umstand deutlich wider: Unternehmensformen ändern sich, Unternehmenskulturen ebenfalls, ganz zu schweigen von den Führungsstilen und vielem anderen.

6.2 Motivation

Ziel und Anspruch jedes Führungsverhaltens ist ein motivierter, um selbständiges Arbeiten bemühter Mitarbeiter. Nun ist Motivation ein recht umfassender Begriff (vgl. Kap. 1.1) und bedarf einer Klärung, die über ex- oder intrinsische Motivation hinaus geht. Folgende Motivationsschwerpunkte (in Anlehnung an Prenzel, 1996) sind daher als Führungsziele zu benennen:

- *Identifizierte Motivation:*
  Diese umfasst die Bereitschaft zum Lernen im Sinne von Weiterbildung und die Erbringung von Leistung, selbst wenn es sich dabei um weniger reizvolle Inhalte handelt. Jedoch werden diese Inhalte als subjektiv wichtig erachtet, weil die damit verbundenen Unternehmensziele mit eigenen selbstgesetzten Zielen übereinstimmen. Insofern kann man hier von selbstbestimmt motivierter Leistungsbereitschaft sprechen.

- *Interessiertheit:*
  Dies ist eine Variante der intrinsischen Motivation. Interesse bezeichnet eine Grundhaltung, sich über die aktuelle Situation hinaus mit Arbeitsthemen im Sinne der eigenen Verbesserung zu befassen. Man ist dann von einem Thema so angezogen, dass man es für sich weiter erschließen möchte.

Eine identifizierte und interessierte Mitarbeitermotivation ist also genau genommen das Ziel jeder Führungsanstrengung. Die intrinsische Motivation, Dinge um der Sache selbst willen zu tun, ist darin immer enthalten.

Das Denken motivierter Mitarbeiter basiert vor allem auf realistischen Miss-/Erfolgszuschreibungen. Äußere Umstände lassen sie dabei weniger gelten. Ursache für Misserfolg ist eher die eigene zu geringe Anstrengung (= internal), die sie beim nächsten Mal zu steigern bereit sind. Solche Mitarbeiter schätzen sich selbst in Bezug auf die Zielerreichung realistisch ein. Daher gehen sie dann auch mittlere oder hohe, aber vermutlich zu bewältigende Risiken bei der Problemlösung ein und zeigen eine durchgängigere Anstrengungsbereitschaft. Motivation und Hoffnung hängen hier eng zusammen und fördern sich gegenseitig.

Wenig leistungsmotivierte Mitarbeiter führen ihre Misserfolge eher auf externale Ursachen zurück. Die mangelhaften Umstände werden dann häufiger, als es die Realität hergibt, als Erklärungsinhalte herangezogen. Erfolge werden ebenfalls eher external begründet. Zufall, Glück oder andere Mitarbeiter haben dann mit dem Erfolg mehr zu tun, als man selbst. Ein solchermaßen denkender Mitarbeiter wird meist zu hohe oder sehr geringe Risiken bei der Aufgabenlösung eingehen. Negative Emotionen und Frustrationen bei Nichterreichung von Aufgaben mit hohen Risiken und Gleichgültigkeit bei Erreichung von Aufgaben mit niedrigen Risiken sind vorprogrammiert.

Negative Emotionen von Mitarbeitern sind im Führungsprozess also wenig hilfreich. Damit ist nicht gemeint, dass im Umkehrschluss jeder Manager heiter und Küsschen verteilender Weise über die Flure schweben soll. Wenn es mal gar nicht anders geht, weil die Führungskraft selbst zu aufgebracht oder resigniert ist, so sollte sie das die Betreffenden auf angemessene Art und Weise (!) wissen lassen. Dabei sollte sie in jedem Falle „echt“ sein, sonst spüren Mitarbeiter und Kollegen etwas anderes, als das, was sie ihnen durch Worte mitteilt. Und damit wächst Irritation und Unsicherheit. Echtheit bedeutet, sich zu zeigen. Das heißt aber nicht, dass eine Führungskraft ihre Umwelt in Gänze an allem, was sie bewegt, teilhaben lässt. Echtheit besagt aber durchaus, das zu benennen, was mit mir in diesem wichtigen Moment los ist, was mich irritiert, stört, beleidigt, trifft, aber auch, was mich freut, erleichtert, neugierig macht, bestätigt.

Diese Echtheit fördert Vertrauen und positive Emotionen bei Mitarbeitern und Kollegen, allen voran echte Hoffnung (vgl. Kap. 2). Diese positiven Emotionen sind messbare Motivatoren und es gilt, ihnen eine Grundlage zu bieten. Diese Grundlage entsteht durch ein gelebtes Menschenbild, welches an erster Stelle auf Empathie und Respekt basiert.

6.3 Konfliktmanagement und -prophylaxe

Konflikte gehen immer mit negativen Emotionen von hoher Intensität einher. Da diese auch in negative, deaktivierende Emotionen (vgl. Kap. 5.5.2) übergehen und damit Hoffnungslosigkeit und Resignation mit sich bringen können, sind Konflikte möglichst in ihrem Anfangsstadium zu klären. Negative deaktivierende Emotionen können für ein Unternehmen eine teure Sache werden, da sie mit innerer Kündigung, Krankheit und Ausfallzeiten einhergehen. Das kleine Wörtchen „sofort“ hat also eine große Bedeutung.

Am Beginn von Konflikten stehen entweder Interessenunterschiede oder Missverständnisse. In beiden Fällen ist es unumgänglich, diese offen und konstruktiv anzusprechen. Hierbei gilt: „Wahrheit geht vor Schönheit“. Es ist sinnvoll, die maßgeblichen Ursachen des Konfliktes anzusprechen.

Das geht allerdings nur, wenn sich der Konflikt noch in der heißen Phase befindet, in der die Konfliktparteien miteinander streiten. Befindet sich der Konflikt bereits in der kalten Phase, die sich dadurch auszeichnet, dass nicht mehr geredet wird und tiefe Aversionen gegeneinander empfunden werden, so ist der Weg zurück um einiges länger und schwerer. Meist ist dann ohne einen Konfliktklärer eine Konfliktlösung nicht mehr zu erreichen.

Tab. 12: Heißer und kalter Konflikt (in Anlehnung an Berkel, 1999) und korrespondierende Emotionen

Heißer Konflikt	**Korrespondierende Emotionen**
Die Parteien haben ein hohes Sendungsbewusstsein und halten ihre Ideen für die richtigen. Sie wollen die Gegenpartei von ihren Zielen unbedingt überzeugen. In der Konfrontation kann es durchaus hoch her gehen. Regel und Prozeduren werden nur schwer von den Parteien im Miteinander akzeptiert.	Interesse/Erregung Hoffnungen Ängste Wut
Kalter Konflikt	**Korrespondierende Emotionen**
Die Überzeugung, den Konflikt lösen zu können, ist geschwunden. Die Parteien sind enttäuscht und desillusioniert. Man schweigt sich an und behindert die Gegenparteien auf informelle Art. Man zieht sich im Miteinander auf Formalia und Regeln zurück.	Desinteresse Enttäuschung Resignation Hass Ekel Verachtung

Während der heißen Phase stehen aktivierende positive und negative Emotionen im Vordergrund. Angst, den Konflikt zu „verlieren“, Wut über die Uneinsichtigkeit der Gegenpartei und Hoffnung, dass man doch noch mit den eigenen Interessen durchkommt, wechseln sich im zeitlichen Verlauf ab. Aktive, mehr oder weniger aggressive gegenseitige Beeinflussungsversuche passieren zuhauf, weil beide Parteien motiviert sind, gegen die anderen zu „gewinnen“.

Während der kalten Phase herrschen hingegen tendenziell deaktivierende negative Emotionen vor. Konfliktlösungen werden aus Enttäuschung und Resignation nicht mehr aktiv angegangen, sondern die Parteien haben sich auf ihre Standpunkte zurückgezogen und verharren dort. Sie verachten einander für ihre Intoleranz und das Interesse an einer gemeinsamen Konfliktlösung ist nicht mehr vorhanden.

Möglicherweise entstehen Hassgefühle gegeneinander, was eine erhöhte Aggressionsbereitschaft in sich birgt. Informelle Aggressionen in Form von Behinderungen der „Gegner“ bis hin zu ausgeprägten, bewussten Mobbingaktivitäten können auftreten.

Grundlegend für die erfolgreiche Konfliktklärung in beiden Phasen ist das Grundverständnis, dass es nicht um Schuldfragen geht, sondern um Anteile, die beide Parteien an der Konfliktentstehung haben. Diese Haltung ermöglicht es den Parteien, an einem Tisch sitzend den Konflikt zu klären. Dabei gilt immer:

- Akzeptanz + Konfrontation = Entwicklung

Wenn beide Parteien ihre Anteile an der Konfliktentstehung erkennen und akzeptieren, wenn sie spüren, dass die Führungskraft oder der Konfliktklärer alle Beteiligten gleichermaßen im Sinne von Allparteilichkeit akzeptiert, dann ist die Konfrontation mit dem Konflikt möglich und erst dann kann eine Entwicklung der Parteien hin zur Klärung oder Lösung des Konfliktes im Sinne einer win-win-Beziehung geschehen.

Einige grundlegende Mechanismen tragen immer wieder dazu bei, dass Konflikte eskalieren (vgl. Glasl, 1999):

1. Projektion

Beide Konfliktparteien werden im Laufe des Konfliktes mit ihren eigenen Problemen konfrontiert, die sie nur schwerlich akzeptieren können. Daher spricht jede Partei ihre eigenen Schwächen der anderen Partei zu. Zum Beispiel benutzt eine Partei die Aggressivität der Gegenpartei als Entschuldigung für die eigene gezeigte Aggressivität. Die eigene Aggressivität wird nicht akzeptiert, sondern als Reaktion auf die Provokationen der anderen nach außen verlagert. Diese Projektion eigener Schwächen wie beispielsweise negative Emotionen (Wut, Hass, Neid…), Schädigungsabsichten, u. v. a. auf andere verbirgt sich häufig in dem Argument: „Die anderen sind selbst verantwortlich für unsere Reaktionen!" Ein Teufelskreis mit einer Auge-um-Auge-Mentalität beginnt, wobei jede provozierende Handlung der einen Partei mit einer Gegenprovokation beantwortet wird.

2. Ausweitung der Streitpunkte

Informationen, Annahmen und Argumente werden von beiden Parteien den eigentlichen Kritikpunkten hinzugefügt, was dazu dient, den eigenen Argumenten eine breitere Basis zu verschaffen. Das führt zu einer Komplexität und Unübersichtlichkeit der eigentlichen Problematik. Eigentlich trägt diese Ausweitung nur zur Unsicherheit und damit zur gegenseitigen Nichtakzeptanz der Argumentationen bei. Taktische Vorteile durch Verwirrung der Gegner sind nur von kurzer Dauer, stattdessen wird die eigentliche Konflikteskalation beschleunigt, denn Verwirrung und Unsicherheit bringt Angst, Ärger und Wut mit sich.

3. Vereinfachung der Streitpunkte

Diese erfolgt aufgrund der vorherigen Ausweitung der Streitpunkte und den damit verbundenen Irritationen und

Unsicherheiten. Eine solche Simplifizierung bedient sich starrer und stereotyper Annahmen, die am Thema vorbei führen. Schuld ist auf einmal die „liberale Grundhaltung" der Gegner, oder die „autoritäre Unternehmensführung". Diese „eindeutigen" Erklärungen für widersprüchliche Informationen führen weiterhin an einer Klärung vorbei.

4. Auffassungsunterschiede

Jede Partei bildet sich ihre eigenen Ursachen-Wirkungs-Auffassungen darüber, wie es zu dem Konflikt hat kommen können. Diese Auffassungen weichen eklatant voneinander ab. Jede Konfliktinteraktion zwischen den Parteien verstärkt diese Auffassungsunterschiede, bis diese selbst zu Streitpunkten werden. So entstehen Nebenkriegsschauplätze, die wiederum am eigentlichen Konflikt vorbei führen, und somit auch eine Klärung erschweren.

5. Ausweitung

Je länger und intensiver ein Konflikt wird, desto eher besteht die Gefahr einer Ausweitung im Sinne von Heranziehung weiterer Personen in den Konfliktablauf. Sinn ist hierbei die vergrößerte Basis für eigene Handlungen gegen die andere Partei. Diese wird natürlich sofort ebenfalls Ausweitungen des sozialen Rahmens vornehmen, so dass man es schnell mit einem Flächenbrand zu tun bekommen kann. Damit nimmt insgesamt die Gefahr von Missverständnissen und Fehlverhalten zu.

6. Personifizierung

Vorschläge, Annahmen und Argumente des Gegners sind nicht mehr als solche unakzeptabel, sondern die ganze Person, die diese Argumente vorbringt, ist es nun. Man ärgert sich nicht mehr über die Äußerungen, sondern über denjenigen, der sie vorbringt. Nicht mehr: „Was Sie sagen, ist unannehmbar!", sondern „Sie sind unannehmbar!" herrscht vor.

Im Zweifelsfalle, wenn ein Konflikt in der Luft liegt, was eine Führungskraft bereits in den Anfängen durch Körpersprache, Mimik, Gesichtsfarbe, Stimmtonlage, unklare Äußerungen, kurze, verbale, ausfallartige Angriffe, subtile Anspielungen, etc. der Parteien spüren kann, gilt:

Sag was mit Dir ist und spricht das an, was gerade passiert.

„Ich fühle mich hier momentan unwohl/bin irritiert, weil wir gerade anfangen, uns unsachlich und aggressiv zu beharken." Erst dann kann man fragen: „Was brauchen Sie, damit Sie wieder konstruktiv miteinander umgehen können?" Jetzt gilt es, genau zuzuhören und dabei eine allparteiliche Haltung an den Tag zu legen. Und genau das, was dann von der oder den Partei(en) geäußert oder gewünscht wird, sollte zunächst auch getan werden, egal, ob es sich dabei um eine große Aussprache oder eine kleine Pause handelt. Ansonsten hat man über kurz oder lang einen kalten Konflikt am Hals, der nun sehr viel mehr Zeit, Energie und Geld kostet, als vordem. Allerdings: nicht alles, was auf die Frage „Was brauchen Sie…?" eingefordert wird, ist machbar. Dann gilt es, dies auch zu begründen und Kompromisse herzuleiten, die für die Konfliktparteien im Rahmen einer win-win-Atmosphäre akzeptabel sind.

6.4 Kommunikation

Ziel allen Managements ist es, eine optimale Motivationslage und damit Leistungsfähigkeit der Mitarbeiter und Kollegen zu erreichen. Dies gelingt nur über Kommunizieren. Aber welche Kernbereiche sind hierbei zu beachten?

Innerhalb jedweder Informationsvergabe ist zunächst darauf zu achten, dass Informationsketten möglichst nie aus mehr als zwei Personen bestehen. Ansonsten geht Informationsmaterial verloren oder wird verfälscht. Dies kann zu Misserfolgen und damit zu Misstrauen und erhöhten Befürchtungen beitragen, was die zukünftige Zusammenarbeit angeht.

Darüber hinaus tragen für Missverständnisse immer beide Gesprächspartner die Verantwortung. Seitens des Senders besteht die Verpflichtung, sicherzustellen, dass er so verstanden wurde, wie er es gemeint hat. Er hat eine Holschuld, wenn es darum geht, zu fragen, wie seine Äußerungen verstanden wurden und er hat eine Bringschuld, wenn es darum geht, die Informationen möglichst klar zu kommunizieren.

Seitens des Empfängers gilt es, sicherzustellen, dass er das, was der Sender von sich gegeben hat, auch so verstanden hat. Auch hier besteht eine Bringschuld, indem der Empfänger ein angemessenes Feedback zurückgibt, wenn er Verständnisunsicherheiten verspürt. Und er hat eine Holschuld, wenn es darum geht, möglichst alle notwendigen Informationen zu bekommen, die für seine gute Leistung nötig sind.

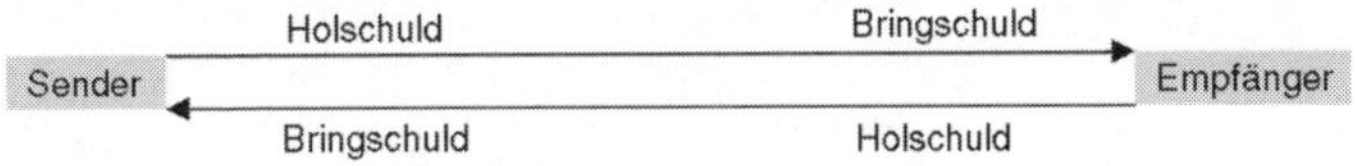

Abb. 14: Verpflichtungen von Sender und Empfänger

Für Sender und für Empfänger gelten Hol- und Bringschuld auf vier Kommunikationsebenen. Denn auf der Sachebene, auf der Selbstkundgabeebene, auf der Beziehungsebene, und auf der Appellebene können sich Missverständnisse verstecken. Daher ist zu klären (vgl. Schulz von Thun, 1999):

- Sachebene: WAS
  Worum geht es in der Sache? – Informationen über mitzuteilende Gegebenheiten.
- Selbstkundgabeebene: ICH
  Was gibt der Sender über sich preis? – Informationen über dessen Befindlichkeit und Persönlichkeit.
- Beziehungsebene: WIR
  Wie steht der Sender zu mir? – Informationen darüber, was der Sender vom Empfänger hält und wie er die Beziehung zwischen beiden definiert.

– Appellebene: TO DO
  Was will der Sender, dass ich tue? – Informationen darüber, wozu der Sender den Empfänger veranlassen will.

Besonders auf der Selbstkundgabe- und auf der Beziehungsebene geht es schnell um Emotionen. Und man kann diese durchaus konstruktiv zum Ausdruck bringen, selbst wenn es sich um „heilige" Wut oder Angst handelt. Wichtig ist dabei, eine Ausdrucksintensität zu wählen, die dem Empfänger zwar zeigt, was mit einem ist, aber nicht in der Form, dass der Empfänger sich vor Gebrüll oder herablassender Kälte, Zynismus oder Verachtung zurückziehen muss. Es ist ein großer Unterschied, ob man sagt: „Ich bin irritiert und wenn ich ehrlich bin, auch wütend, darüber, dass…" oder: „Ich kann das einfach nicht glauben!! Ich bin stinkesauer!! Sie…!"

> Der Empfänger sollte dann weniger mit dem Appellohr hören, und mehr auf das Selbstkundgabeohr umschalten. Denn bei emotionalen Schieflagen geht es darum, zu erkennen, was der Sender über sich selbst aussagt und weniger, wozu er den Empfänger zunächst veranlassen möchte.

Für den Sender gilt unabhängig von der Haltung des Empfängers:

> Grundsätzlich darf und kann jede Emotion kommuniziert werden – für negative Emotionen, und da besonders für die aktivierenden, ist jedoch an eine Einschränkung bezüglich des Ausdruckes der Intensität zu denken!

Emotionen sollten und können also ebenso geklärt werden wie Sachprobleme. Denn wenn die emotionale Gesprächsbasis nicht klar ist, treten schnell Missverständnisse auf. „Wie soll ich *das* bitte verstehen?!" ist dann die entrüstete Frage.

6.4.1 Aktives Zuhören

Um die emotionale und die sachbezogene Seite in Kommunikationsprozessen zu klären, birgt das aktive Zuhören eine wichtige Grundhaltung, nämlich Wertschätzung und Respekt gegenüber meinem Gesprächspartner. Das ist leichter gesagt als getan. Besonders, wenn wir anderen Personen zuhören sollten, die uns völlig unsymphatisch sind. Man kann sich aber vor einem Gespräch die Frage stellen: „Welche anerkennenswerten Eigenschaften und Fähigkeiten hat die Person?“ und man stellt fest, dass jeder Mensch Charakteristika hat, die es zu respektieren und vielleicht sogar zu bewundern gilt.

Wenn die Führungskraft A dem Mitarbeiter B aktiv zuhört, dann ist es ihr einziges Ziel, B's Ansichten und Anliegen so gut wie möglich zu verstehen. A stellt daher ausschließlich Verständnisfragen oder gibt das von B Gesagte mit eigenen Worten wieder, ohne jemals die eigene Ansicht oder eigene Wertungen ins Gespräch einzubringen. Im Grunde verhält sich A wie ein Höhlenforscher, der sich ganz auf seinen Führer – B – verlässt, welcher seine Höhle ja auch am besten kennt. Es geht ihm ausschließlich darum, B's Höhle zu erforschen und kennen zu lernen. A bemüht sich demnach, B's Welt durch B's Augen zu sehen, so gut er eben kann.

In der Praxis sieht es so aus, dass A B weitgehend allein sprechen lässt, und mit den üblichen Telefongeräuschen wie „Hmmm…, ja…, aha…“ seine Aufmerksamkeit unterstreicht. Verständnisfragen wie „Ich habe das noch nicht verstanden, können Sie darauf nochmals eingehen?“ oder Versuche, das von B Gesagte mit eigenen Worten wiederzugeben „Ich versuche mal, Ihre Äußerung in eigene Worte zu fassen…“ sind gelegentlich, wenn es Sinn macht, einzufügen. A „paraphrasiert“ oder „verbalisiert“ also das Gesagte (und Gemeinte!) von B und sichert so ein gutes eigenes Verständnis von B's Anliegen.

Beim Aktiven Zuhören unterscheidet man zwischen „Paraphrasieren“ und „Verbalisieren“:

Paraphrasieren	**Verbalisieren**
Beim Paraphrasieren gibt man das Gehörte mit eigenen Worten wieder.	Beim Verbalisieren fasst man vor allem die wahrgenommenen Gefühle des Gegenübers in Worte.

Aktives Zuhören ist im Alltag oftmals zuviel des Guten. Nehmen wir nur mal folgende Situation: Führungskraft A (Servicecenter) begegnet einem missgelaunten Mitarbeiter B auf dem Büroflur:

A: „Guten Morgen, Herr B. Sie scheinen ein wenig gereizt zu sein. Was ist denn los?“

B: „Morgen, Herr A. Naja, ich habe ein wenig Druck heute. Der Großkunde C zögert noch immer, uns den Zuschlag zu geben.“

A: „Och, Herr B, das tut mir aber leid. Ich höre bei Ihnen eine gewisse Niedergeschlagenheit (Verbalisieren) heraus. Sie befürchten, der Kunde C springt insgesamt ab, stimmt das so (Paraphrasieren)?“

B: ???!!!

Aktives Zuhören macht also nur Sinn in Situationen, wo es um wichtigen Klärungsbedarf geht, nicht aber, wenn es um alltägliche Belange geht. Wichtiger Klärungsbedarf liegt beispielsweise vor, wenn emotionale Schieflagen, wie in Kritikgesprächen und Konfliktklärungen, zu bewältigen sind. Die wertschätzende Grundhaltung des aktiven Zuhörens ist jedoch ein bedeutsames Moment einer jeden Kommunikation.

6.4.2 Feedback

Wir „feedbacken“ heute alles und jedes, aber was ist mit Feedback eigentlich gemeint, und was kann dabei oftmals auch falsch laufen? Grundsätzlich gilt beim Feedback dieselbe verständnisorientierte Grundhaltung, wie bei aktivem Zuhören. Denn ohne ein genaues Wissen um Anliegen, Ansichten und emotionale Befindlichkeit unseres Gegenübers fehlt auch die Grundlage für ein angemessenes Feedback. Wir feedbacken dann schnell an der Sache oder an der Person vorbei.

Feedback

...besagt, dem anderen Rückmeldung über seine momentane Kompetenz in Beziehung zur Erreichung seiner Leistungsziele zu geben.

Solchermaßen verstandenes Feedback hat niemals destruktiv zu sein, sondern sollte konstruktiv und das Selbstwertgefühl des Mitarbeiters unterstützend formuliert werden. Konstruktives Feedback zu geben bedeutet, dass bei aller Kritik immer die gerade leistungsrelevanten, positiven Eigenschaften einer Person in die Rückmeldung mit einbezogen werden.

Konstruktivität ist im beruflichen Alltag manchmal schwer zu bewerkstelligen. Besonders, wenn ein Mitarbeiter oder Kollege einen massiven Fehler mit weitreichenden Folgen gemacht hat. Hier liegt dann auch die Grenze zwischen Feedback und Kritikgespräch. Dennoch gilt für beide, dass ohne eine konstruktive Grundhaltung keine oder kaum selbstbestimmt motivierte Verbesserungen (vgl. Kap. 6.2) beim Mitarbeiter angestrebt werden.

Die Konstruktivität ist in dem Moment nicht mehr vorhanden, wo man zum anderen sagt: „Du bist fragwürdig." Mit dieser Aussage bezieht man sich auf ein Postulat höchster Ordnung (vgl. Kap. 5.1), welches der Gesprächspartner ja nicht ändern kann. Mit der Aussage „Was Du tust, ist fragwürdig." beschränkt man sich bei aller Kritik auf das Tun des Gegenübers und verallgemeinert dies nicht mehr auf die ganze Person. Daher sollte man Rückmeldungen oder Kritiken so formulieren, dass die andere Person auch etwas daran ändern kann.

Als Manager sind wir schnell und pragmatisch, was auch oft genug erforderlich ist. Sehr oft meinen wir zu wissen, wo es lang geht, wenn wir mit Mitarbeitern und Kollegen sprechen. Dann jedoch verlagern wir unsere Wahrnehmung darauf, wie wir den anderen am besten dahin lenken können. Auf diese Weise entgehen uns meistens wichtige Hinweise, auf die tatsächlich einzuschlagende Richtung im Gespräch. Führung bedeutet immer auch Lenkung. Jedoch können wir andere Menschen nur dann führen, wenn wir um ihre Fähigkeiten, Fertigkeiten und Befindlichkeiten wissen.

> Erst kommt die Sachinformation + die emotionale Information
> und daraus sind dann die Führungskonsequenzen abzuleiten.

Dies bedarf eines guten Wissensstandes über die Person und Persönlichkeit, sei es die eigene, sei es die der Mitarbeiter und Kollegen. Dabei ist die Sensibilität gegenüber eigenen Annahmen und Vorurteilen sowie gegenüber der anderer Personen eine wichtige Einstellung. Ansonsten passiert es, dass wir unsere Beobachtungen ohne weitere Hinterfragung in den Status einer Tatsache erheben, der dann allerdings einiges an Realität abgeht.

6.5 Zusammenfassung

Der Führungsbegriff umfasst heute eine derartige Vielzahl an Anforderungen für Manager, dass es notwendig wird, eine Einschränkung vorzunehmen. Am Ende der Gleichung befindet sich letztlich eine Führungshaltung, die mit Wertschätzung, Sensibilität und Echtheit einhergeht.

Jeder Führungsstil, sei es der autoritäre, sei es laissez-faire oder viele andere, leisten ohne diese Grundhaltung negativen, deaktivierenden Emotionen und damit der Demotivation der Mitarbeiter und Kollegen Vorschub. Selbst Management by Objectives birgt einige Fallen in sich, die dazu führen können. Letztlich gibt es keinen allumfassenden Führungsstil, der die ultima ratio darstellt. Vielmehr gibt es immer mindestens vier Aspekte im Führungsgeschehen zu beachten. Man kann

- vernetzt
- aufgabenorientiert
- mitarbeiterorientiert
- situationsgerecht

führen, wenn man situativ, das heißt, flexibel und lösungsorientiert führen will. Gelegentlich läuft dies darauf hinaus, originell im Sinne des Beschreitens neuer Wege zu führen.

Ziel jeder Führungsanstrengung sollte es sein, Mitarbeiter zu interessierter, selbstbestimmter Motivation anzuregen. Das bedeutet aber auch, sich selbst als Führungs„mensch" sichtbar und erlebbar zu machen. Diese Echtheit besagt nicht, alles von sich zu zeigen, sie besagt allerdings, das in angemessener Form zu zeigen, was Gesagtes und Gemeintes in Übereinstimmung bringt. Es sind vor allem die Emotionen, die das, was wir sagen, zu dem machen, was wir meinen.

Echtheit und Wertschätzung ist die Basis für jedwede Kommunikation. Dazu gehören unter anderem Konfliktklärungen, aktives Zuhören und das Geben von Feedbacks. Innerhalb aller genannten Bereiche der Kommunikation geht es um eine konstruktive, wertschätzende Grundhaltung. Es geht nicht um eine friedhöfliche Haltung, sondern um eine adäquate, die Stärken des Gegenübers beachtende Einstellung, die die Sach- und die Gefühlsseite der Problematik auf angemessene Art und Weise mit berücksichtigt.

7. Teams und Emotionen

Gerade in den Anfangsphasen der Teambildung spielt eine Atmosphäre, die von Unsicherheiten, Anspannungen und Befürchtungen, aber auch Hoffnungen und Interessen durchzogen ist, eine große Rolle für die emotionale Qualität der späteren Teamphasen und damit für den Teamalltag generell.

Eine langfristig bestehende Atmosphäre der gegenseitigen Wertschätzung, der konstruktiven Offenheit und damit der Effizienz lässt sich nur herstellen, wenn der Teamleiter von Anfang an mögliche Befürchtungen ernst nimmt, benennt und mit dem Team zusammen Lösungsmöglichkeiten erarbeitet. Er sollte die wichtigsten Denkstile und Bewertungsweisen der zukünftigen Teammitglieder (er)kennen, um im Vorfeld bereits Hoffnungen, Neugier und Interesse zu unterstützen und so möglichen Ängsten vorzubeugen.

Grundsätzlich kann man innerhalb einer Teambildung die Möglichkeit, auch unangenehme Begebenheiten zu benennen, gar nicht unterschätzen. Denn was nicht sofort geklärt wird, behindert langfristig jedwede Teameffizienz.

Die Teamleitung ist in der Hauptsache verantwortlich für die emotionale Prägung des Teams. Und daher ist besonders die Forming- und die Storming-Phase (vgl. Kap. 7.1) von großer Bedeutung für den Teamleiter. Hier kann und muss er dafür sorgen, dass sich eine Meetingkultur entwickelt, die, basierend auf Ehrlichkeit und Respekt, auch konfliktäre Phasen zu tragen in der Lage ist. Teamleiter sind daher verantwortlich für die Konfliktklärung und Konsensbildung innerhalb eines Teams.

Im Zustand positiver Stimmung arbeitet ein Team schneller, reibungsloser, insgesamt einfach wirkungsvoller. Dabei ist Humor eine wichtige Ressource, die spätestens dann ihre kraftvolle Wirkung entfaltet, wenn sich bei schwierigen Problemlösungen Frustrationen breit zu machen drohen. Jedes Team hat seinen eigenen Gesamtcharakter und damit auch seinen eigenen Humor. Besonders in der Perfoming-Phase ist er ein für das gesamte Team wichtiges Identitätsmerkmal geworden.

Star-Teams zeichnen sich aus durch Empathie, Kooperation, ständiges Verbesserungsbestreben, kritische Selbstwahrnehmung, vorausschauende Problemlösung, Selbstvertrauen, Flexibilität, Unternehmenskenntnis und Beziehungen zu anderen Teams (Goleman, 1998, S. 267). In vielen Bereichen ist es daher sinnvoll, auf Hoffnung ausgerichtete Denkstile zu haben. Fatal ist eine allzu häufige „die anderen sind Schuld“-Denkrichtung der Externalität.

7.1 Teamphasen und Emotionen

Man unterscheidet gemeinhin vier Phasen innerhalb der Teambildung, wobei jede ihre typischen Merkmale hat.

7.1.1 Forming (Anfangsphase)

Neuheit und Unsicherheit bestehen in dieser Anfangsphase einer Teamentstehung. Dies geht einher mit Ungewissheit über die eigene zukünftige Rolle, und damit auch über die eigene Position in der zukünftigen Gruppenhierarchie.

In dieser Phase der Teamentwicklung kann kein Teammitglied die neue Situation angemessen einschätzen. Diese Unsicherheit erzeugt Ängste:

- „Wie sehen mich die anderen?“
- „Was erwartet mich?“
- „Kann ich mich hier überhaupt langfristig behaupten?“
- „Welche Regeln und Sanktionen wird es geben?“

Hierbei liegt der Schwerpunkt auf Sozialängsten (vgl. Kap. 3.1), und weiterhin vor offener Meinungsäußerung, respektive vor den zukünftigen Kollegen und Vorgesetzten, die ja immer auf die Äußerungen, die man selbst tut, reagieren werden. Dabei ist sich ein jeder der Gefahr bewusst, dass der erste Eindruck zunächst einmal haften bleibt.

Also sind alle Teammitglieder vorsichtig in dem, was sie tun und äußern. Sie nähern sich vorsichtig einander an und suchen sich den einen oder anderen Gesprächspartner in der Hoffnung, auf Gleichgesinnte zu treffen.

Der Teamleiter etabliert in dieser sensiblen Phase durch sein eigenes Verhalten bereits Teamnormen. Daher sind die Ziele des Teamleiters in dieser Phase vor allem mit seinem eigenen Tun verbunden. Ein Teamleiter sollte daher:

- seine Vorbildfunktion von Anfang an reflektieren,
- eigene Unsicherheiten und Fehler eingestehen,
- zuhören und ausreden lassen,
- kleine Schwätzchen am Rande zum Zwecke besseren Kennenlernens zulassen,
- Befürchtungen benennen,
- und durch das gemeinsame Erarbeiten einer angemessenen Meetingkultur und deren Regeln (vgl. Kap. 7.2) diese Befürchtungen abbauen,
- Ablauf, Ziele, Inhalte der Teamarbeit kenntlich machen.

7.1.2 Storming (Beziehungsklärung)

Die Beziehungen innerhalb der Gruppe sind noch instabil und individuelle Eigeninteressen, hier vor allem das Bedürfnis nach Anerkennung und einem damit korrespondierenden Platz in der Gruppenhierarchie, stehen im Vordergrund. Dadurch entsteht ein natürliches Konkurrenzverhalten zwischen den Teammitgliedern. Man schätzt sich selbst und die anderen ein:

- Wer sind meine Konkurrenten?
- Wo finde ich Unterstützung durch Gleichgesinnte?
- Welche Rollen (Fachmann, Gruppenclown, Moderator, Informationsgeber, Nein-Sager, u. v. a.) nehmen die anderen ein?
- Welche Rolle kann und will ich einnehmen?

Der Teamleiter hat es in dieser Phase nicht leicht. Einerseits darf er die Beziehungsklärungen nicht unterbinden, andererseits wird ihm vermutlich auch mal seine Position streitig gemacht. Also gilt es für ihn, situativ zu führen und auf die Belange der einzelnen Teammitglieder einzugehen. Er unterstützt, wenn Unsicherheiten erkennbar werden, bremst, wenn Vielredner am Zuge sind, fordert auf, wenn Wenigredner erkennbar werden, geht auf Bedürfnisse ein, wenn diese erkennbar werden. Sollte ihm sein Rang tatsächlich einmal streitig gemacht werden, so kann er diesen Vorgang im Notfall als solches benennen und betonen, dass seine Position nicht zur Debatte steht.

Im Grunde genommen erlebt der Teamleiter hier dieselben Höhen und Tiefen, wie ein Moderator. Daher gilt für ihn auch eine eiserne Moderationsregel:

> Fehler kann ich eingestehen, aber daraus dürfen keine Rechtfertigungen werden!

Und es gilt für ihn auch die Moderationsgrundfrage:

> Was brauchen die Teilnehmer, um zu einem für sie akzeptablen Ergebnis zu gelangen?

Der Teamleiter kann durch sein eigenes, wertschätzendes und ehrliches Verhalten am ehesten dazu beitragen, Mitgliederängste abzubauen und damit Hoffnung und Motivation aufzubauen. Als Ergebnis dieser Phase bilden sich dann realistische Rollenverständnisse einzelner Teammitglieder bereits heraus.

7.1.3 Norming (Integration)

Nun hat man sich kennen und einschätzen gelernt, und gemeinsam ermittelte Normen und Werte etablieren ein Wir-Gefühl. Die Gruppe hat für sie typische Symbole, sprachliche Idiome und Rituale entwickelt. Es entsteht eine starke Identifikation mit den Teamzielen und den eigenen Rollen.

Aber Vorsicht – wenn auf die Einhaltung von Normen und Werten allzu rigide gepocht wird, dann entsteht wiederum ein guter Nährboden für Ängste und Demotivation. Denn Normen und Werte sind keine fixen Größen, sondern können und müssen im Interesse der Teameffizienz hinterfragbar sein. Ansonsten verkommt das Wir-Gefühl zu einem oberflächlichen, frommen Wunsch.

Wenn ein Wir-Gefühl entsteht, entstehen durch die Nähe und Vertrautheit auch Konfliktpotentiale. Denn – je mehr man einander sagen kann, desto mehr wird einander auch gesagt. Es gilt für den Teamleiter in dieser Phase vor allem, eine konstruktive Streitkultur zu etablieren. Dies kann geschehen, indem darüber reflektiert wird, was nach einer Meinungsverschiedenheit besser hätte laufen können. Indirekt werden daraus dann sowieso Regeln im Sinne der Meetingkultur vom Plenum selbst in diesen Regelkatalog eingearbeitet. Dieser Regelkatalog sollte daher immer und von Anfang an visueller Bestandteil von Teamtreffen sein.

Wenn Teams innerhalb der Norming-Phase ihr Wir-Gefühl entwickeln, ist es wichtig, dass sie dies im Bewusstsein tun, nach außen hin offen zu bleiben. Sonst kann es in der Performing-Phase passieren, dass sie, sobald sie Fehler gemacht haben, diese im Sinne klassischer Koalition (vgl. Kap. 3.5) unter den Tisch kehren und so anderen Abteilungen/Teams und damit dem Unternehmen Schaden zufügen.

7.1.4 Performing (Differenzieren)

Nun wird konzentriert zusammengearbeitet. Die Teammitglieder sind aufeinander eingestellt und kennen ihre Stärken und Schwächen. Die Teamidentität wird der von anderen Gruppen gegenübergestellt, was die Gefahr mit sich bringt, dass sich Feindseligkeiten gegenüber „den anderen" entwickeln können.

Es gibt ein recht einfaches Mittel, um dieser Abschottungstendenz Herr zu werden. Man etabliert regelmäßige Meetings mit anderen, für die eigenen Teamergebnisse bedeutsamen Teams und hält diese Termine auch ein. Inhalte dieser Meetings können fachliche Vorgehensweisen und Feinabstimmungen zwischen den Teams sein, aber auch der informelle soziale Austausch sollte seinen Raum bekommen.

Nehmen wir folgende Situation: Es steht ein Meeting zwischen Team A und Team B an. Im vorherigen Meeting wurden alle Tagesordnungspunkte abgearbeitet und beide Teams gehen gut informiert aufeinander abgestimmt wieder an die Arbeit. Es gibt in der Folgezeit keine besonderen Vorkommnisse, denn alle Absprachen wurden von beiden Teams eingehalten.

Beide Teams fragen sich nun einzeln und in Vorbereitung auf das kommende Meeting, ob dieses denn nun überhaupt sinnvoll ist, oder ob man es nicht einfach mal auslässt. Es läuft doch momentan alles prima … Team A entscheidet, das Meeting wird abgesagt, Team B entscheidet, es sollte trotzdem stattfinden, man weiß ja nie, ob nicht doch noch was Nennenswertes auf den Tisch kommt.

Team A sagt also ab. Team B ist irritiert. Hat man nicht vor einiger Zeit gemeinsam verabredet, die Meetings grundsätzlich abzuhalten? Und hat man nicht vor einiger Zeit erkannt, dass allein der soziale Faktor solcher Treffen nicht zu unterschätzen ist? Team A scheint ja ganz gut ohne uns auszukommen…!? So schnell können sich dann Missverständnisse etablieren und nehmen ihren Platz im Rabattmarkenheft von Team B ein. Dass auf diese Weise auch Misstrauen, und also Konfliktpotentiale, entstehen können, liegt auf der Hand.

7.2 Denkstile in Teams

Es ist der implizite Anspruch dieser Phasen, im Team einen Denkstil zu etablieren, der besonders vor drohenden Misserfolgen oder nach denselben realistisch bleibt und so die Basis für echte Hoffnung und damit für weitere Teameffizienz darstellt. Vor oder nach Misserfolgen ist folgender Grundtenor (vgl. Kap. 4.2.1) sicherlich der realistischste:

- Das Team, beziehungsweise einzelne Teammitglieder erkennen ihren Anteil am Misserfolg an (internal).
- Es herrscht die Grundauffassung vor, dass Misserfolge behebbar sind und sich nicht zwangsläufig wiederholen müssen (variabel).
- Es herrscht darüber hinaus die Grundauffassung vor, dass Misserfolge auf bestimmten situativen Ursachen begründet sind (spezifisch) und diese Ursachen nicht verallgemeinert werden (global).
- Das Team erkennt an, welchen Ressourcen und also Möglichkeiten es an der Ursachenbehebung von Misserfolgen tatsächlich hat (eher kontrollierbar).

Verallgemeinert man diese Denkstile argumentativ, so käme folgende prototypische Argumentationskette dabei heraus: „Folgende Anteile haben wir/habe ich an dem Misserfolg (internal):… . Diese Ursachen können wir/kann ich folgendermaßen in den Griff bekommen (variabel): … . Es sind bestimmte Ursachen (spezifisch), und nicht etwa die bösen Kunden, der desinteressierte Vorstand, die rigide Unternehmenskultur, u. a. Dabei können wir/kann ich folgende Ursachen mit oder ohne Hilfe wahrscheinlich beheben (eher kontrollierbar)."

Das heißt nicht, dass es auch externale Ursachen für Misserfolge geben kann, die realistisch sind. Aber indem man zunächst nach den eigenen Anteilen fragt, erhält man einerseits Anregungen zu Ursachenbehebungen, die man selbst durchführen kann, und andererseits erkennt man klarer, ob und welche externalen Ursachen tatsächlich neben den Eigenanteilen übrig bleiben.

Natürlich kann man auch auf stabile, unveränderbare Ursachen für Misserfolge treffen. Aber auch hier gilt es, zunächst zu überprüfen, was durch das Team oder einzelne Teammitglieder veränderbar ist. Möglicherweise werden dadurch langfristig stabile Ursachen „aufgeweicht". So beispielsweise der Fall, wenn einzelne Teilerfolge von Teams andere Teams oder den Vorstand langfristig gesehen doch zum Umdenken bewegen.

Weiterhin kann es natürlich sein, dass ein Team auf unkontrollierbare Ursachen stößt. Es erkennt, dass es keinen Einfluss auf die Behebung einer Ursache für den Misserfolg hat. Auch hier ist es trotz aller Unkontrollierbarkeitserfahrung wichtig, zu wissen, welchen Einflussbereich man wirklich hat, um weiterhin innerhalb der eigenen Grenzen erfolgreich agieren zu können.

Es ist deutlich, dass es sich hierbei wieder einmal um das Denkstilmuster handelt, welches der echten Hoffnung (vgl. Kap. 2.4) zugrunde liegt. Echte Hoffnung birgt neben der Überprüfung von Ursachen immer eine Grundfrage in sich, die es unbedingt zu beachten gilt:

> „Wie sind diese Ursachen entstanden und wie kam es folglich zu dem Misserfolg?" Ursachen sind nur dann behebbar, wenn wir ihren Werdegang erkennen und wenn wir das Zusammenspiel verschiedener Ursachen bis hin zum eigentlichen Misserfolg zu verstehen bereit sind.

Es geht also um realitätsbezogene Hoffnung. Wenn diese aufgrund eingehender Ursachenforschung nicht aufrecht erhalten werden kann – gut, dann weiß das Team aber auch genau, warum dies so ist. Eine solche Grenzerfahrung erleben Teams häufig. Eine Hoffnung aufgeben zu müssen, bedeutet aber nicht das Ende der Dinge. Es bedeutet, das gesamte kreative Potential zusammen zu tragen, bedeutet, sich nach außen zu wenden und andere Teams oder Experten zu befragen, bedeutet, umzudenken und gegebenenfalls das kreative Potential zu aktivieren und von den Trampelpfaden abzuweichen.

7.3 Teamkräfte

Es gibt vier jedem Teamalltag zugrunde liegende Kräfte, die es in jedem der o.g. Stadien zu beachten gilt (vgl. Brinkmann, 1995, S. 76f):

1. Gruppendruck

Gruppen versuchen immer, abweichendes Verhalten Einzelner zu korrigieren, und sei es auch durch Sanktionen der einen oder anderen Art.

Insofern dies der Sache, beziehungsweise der Teamarbeit dient, ist das auch akzeptabel. Nicht akzeptabel ist es, wenn es sich darum handelt, individuelle, persönliche Ressentiments auszuleben.

2. Rangordnung

Aggressive Strömungen werden durch eine Hierarchisierung der Gruppe reguliert, das heißt, es werden klare Positionen und Rollen definiert.

Dass solche Hackordnungen von allen Beteiligten zu deren Nutzen oder Schaden akzeptiert werden, hängt vor allem von den Ängsten der Geschädigten ab, die durch das Akzeptieren ihrer untergeordneten Position weitere Angriffe vermeiden wollen. Leider birgt dies die Gefahr in sich, dass eine Hierarchisierung weniger mit fachlichen Befähigungen, sondern zu sehr mit Durchsetzungsvermögen zusammenhängt.

Eine Hierarchisierung innerhalb eines Teams sollte ein flexibler, auf die jeweilige Problemsituation reagierender Prozess sein, in dem der Nutzen für die Teameffizienz im Vordergrund steht, sprich, derjenige führt, dessen Befähigungen das Team voranbringen.

3. Wir-Gefühl

In der Norming-Phase entwickeln Gruppen ein Wir-Gefühl, und damit auch eine klarere Abgrenzung der Gruppenidentität gegenüber anderen Gruppen (vgl. Kap. 7.1.4).

4. Aggressionen

Die Aggressivität einer Gruppe steigt in dem Maße, wie sie sich von außen bedroht fühlt. Diese Bedrohungsbewertung geht mit Angst einher.

Insofern gilt hier immer zu klären, ob die wahrgenommene Bedrohung von außen wirklich der Realität entspricht, oder ob es sich bei dieser Annahme um eine Fehlinterpretation des Teams handelt. Das Gebot der Stunde ist einmal mehr, das sofort anzusprechen, was an Befürchtungen im Raume steht. Und zwar sowohl im eigenen Team als auch in der Folge mit den „Aggressoren".

7.4 Meetingkultur

Teams können, müssen aber nicht immer geführt werden. Ab der vierten Teamphase sollte der Teamleiter ein „Primus inter pares" sein, der das Ruder demjenigen Teammitglied in die Hand gibt, welches in der jeweiligen Situation den effizientesten Beitrag zur Problemlösung bereithält. So kann es sein, dass ein Teammitglied eine bestimmte Meetingphase besser moderieren kann als alle anderen, oder dass wieder ein anderer gerade bestimmte Informationen zur Problemlösung bereithält und ergo mehr Redezeit bekommt, als gewöhnlich veranschlagt.

Wichtig ist, dass der Teamleiter von Anfang an eine Meetingkultur etabliert hat, welche es ermöglicht, Meinungsunterschiede und Befürchtungen im Team konstruktiv, offen und zielorientiert zu bearbeiten.

7.4.1 Dialog und Diskussion

Es ist für Teams hilfreich, die zwei möglichen Gesprächsarten, zwischen denen hin- und her gependelt wird, unterscheiden zu können:

Dialog

„Dabei erforscht eine Gruppe schwierige und komplexe Fragen frei und kreativ. Der Einzelne legt sich nicht auf seine Meinung fest, aber er teilt seine Annahmen offen mit. Das führt dazu, dass alle Beteiligten die ganze Fülle an Erfahrung und Denken ungehindert erforschen und an die Oberfläche bringen können, ohne an individuellen Meinungen zu haften.“ (Zit.: M. P. Senge, 1999, S. 293)

Diskussion

„Hierbei werden unterschiedliche Meinungen präsentiert und verteidigt, und man sucht nach den besten Argumenten für gerade anstehende Entscheidungen.“
(Zit.: M. P. Senge, 1999, S. 288)

Teamgespräche wechseln häufig zwischen Dialog und Diskussion hin und her. Daher ist gelegentlich ein Moderator/Gesprächsbegleiter hilfreich, der weiß, wann sich das Team in welcher Gesprächsphase bewegt. Sich innerhalb der Dialogphase zu bewegen, bedeutet ein gutes Vertrauensverhältnis der Teammitglieder untereinander. Sie bemühen sich um ein gegenseitiges Verständnis ihrer Meinungen und treten dann in die Diskussion ein, wenn das gegeneinander Abwägen der Meinungen beginnt.

Zwischen Dialog und Diskussion zu unterscheiden, ist deshalb relevant, weil im Meetingalltag Dialoge abgewürgt werden, wenn ein Gesprächsteilnehmer meint, er wüsste genau, wo es lang geht und daher anderen Meinungen kaum mehr Beachtung schenkt. In dem Moment erhebt er seine eigene Annahme zum Faktum, unabhängig davon, ob alle anderen Meinungen bereits vollständig dargestellt und von allen Beteiligten verstanden worden sind.

Teamgespräche können daher zu besseren Ergebnissen führen, wenn alle Beteiligten ihre Annahmen als solche kenntlich machen (Dialog) und dann zur Diskussion stellen.

7.4.2 Konsensbildung

Am Ende von Dialog- und Diskussionsschleifen steht die Konsensbildung. Beim Versuch, einen Konsens zu bilden, gibt es zwei Wege (Senge, 1999, S. 302):

- Einmal kann man einen Konsens einkreisen, indem man nach dem gemeinsamen Nenner der Meinungen, die im Raume stehen, sucht.
- Zum Zweiten kann man einen Konsens auch ausweiten, indem man nach einer umfassenderen Sichtweise sucht, als die Einzelansichten sie jeweils bieten könnten.

Diese demokratische Art des Teamlernens ist deshalb so relevant, weil sie ermöglicht, dass jedes Teammitglied zu jedem Zeitpunkt eine tragende Funktion behält. Jede Meinung zählt und selbst wenn einzelne Aspekte von Meinungen ausgesiebt wurden, zählt die gemeinsame Suche nach dem Konsens.

Die Betonung auf den gemeinsamen Konsens als Ziel wichtiger Problemlösungen in Teammeetings aktiviert auch mögliche Wenigredner und vor allem beschwichtigt es die Befürchtung, dass „…sich sowieso mal wieder nur bestimmte Personen durchsetzen werden“. Solche Befürchtungen führen ansonsten zu oft zu resigniertem, schweigendem Verhalten, wodurch wertvolles Wissen und Ideenreichtum auf der Strecke bleiben.

7.5 Zusammenfassung

Teams zusammenzusetzen und vor allem eine ergebnisorientierte Arbeitsweise zu etablieren bedeutet, der Auftretenswahrscheinlichkeit positiver Emotionen viel Raum zu geben. Dies gelingt durch eine Atmosphäre gegenseitiger Wertschätzung, Offenheit und Vertrauen.

Um diese Atmosphäre zu kreieren und zu festigen, gilt es, in allen vier Teamentwicklungsphasen (Forming-, Storming-,

Norming- und Performing-Phase) Befürchtungen und Störungen sofort zu benennen und durch die Etablierung einer geeigneten Meetingkultur die Basis für einen ehrlichen und konstruktiven Umgang miteinander zu legen.

Teams sollten eine realistische „Denke“ innehaben, um zu jedem Zeitpunkt zu erkennen, auf welchen Ursachen drohende oder bereits eingetretene Misserfolge tatsächlich basieren können. Auch Erfolge können so im Sinne von effektivem Teamlernen durchleuchtet werden.

Um ein konstruktives Miteinander im Teamalltag zu erreichen, gilt es, vier Kräfte im Teamprozess zu jedem Zeitpunkt ihres Auftretens zu erkennen: Gruppendruck, Rangordnungsgebaren, Wir-Gefühl und Aggressionspotentiale. Das Erkennen und das damit verbundene sofortige Benennen und Regulieren dieser Kräfte ist ein wichtiger Bestandteil jedweder Meetingkultur.

Das Ziel einer etablierten Meetingkultur besteht einzig und allein in der demokratischen Erreichung von qualitativ hochwertigen Teamergebnissen. Der Weg dorthin geht über die Unterscheidung von Dialog und Diskussion: Wann redet man über Annahmen (Dialog)? Und wann redet man über Meinungen und zielt auf Entscheidungen ab (Diskussion)?

Und last but not least: Wie kann man den fälligen Konsens zum Zwecke der Fixierung des Ergebnisses bilden? Dieser wird entweder erreicht über den kleinsten gemeinsamen Nenner aller Meinungen, oder über eine integrative Sichtweise für alle Meinungen. Es zählt letztendlich das, was das gesamte Team in dem speziellen Fall für sinnvoller hält.

8. Emotionen im Selbstmanagement

Die Grundaufgabe jedes Managements hat *Peter Senge* plastisch umschrieben (Senge, 1999, S. 172): Manager „müssen das alte Dogma der Planung, Organisation und Kontrolle aufgeben und erkennen, dass sie eine fast heilige Verantwortung für das Leben zahlloser Menschen tragen. Führungskräfte haben vor allem die Pflicht, die Bedingungen dafür zu schaffen, dass die Menschen ein so erfülltes Leben wie möglich führen können."

Wenn eine Führungskraft diesem Anspruch gerecht werden und den eigenen wesensgemäßen Führungsstil damit mehr und mehr in Übereinstimmung bringen möchte, so ist es nützlich, sich selbst durch ständiges Hinterfragen folgender zwei Bereiche zu fordern:

1. Immer wieder klären, was mir im Führungsalltag wichtig ist,
2. die gegenwärtige Realität deutlich wahrnehmen,

und entsprechend den dadurch gewonnenen Erkenntnissen Verhaltensveränderungen einzuleiten, wenn nötig.

Es geht darum, die Fähigkeiten weiter zu entwickeln, die es einem ermöglichen, die im eigenen Leben wirklich wichtigen privaten und beruflichen Ziele zu erreichen. Dazu gehören nicht nur kognitive Fähigkeiten, sondern in ebendiesem Maße auch emotionale Fähigkeiten, wie eine geschärfte Wahrnehmung für die Gefühlstönungen der mich umgebenden Menschen. Denn deren Befindlichkeiten sind meine Chancen oder Grenzen.

Senge spricht von der „fast heiligen Verantwortung gegenüber Menschen…" und last but really not least impliziert dies auch deren emotionale Befindlichkeiten, da diese eine Grundbedingung dafür sind, ein „erfülltes Leben" zu führen. Diese positive Grundstimmung zu fördern und zu erhalten, ist nichts anderes, als die einem anvertrauten Mitarbeiter zu motivieren und damit deren Leistung qualitativ und quantitativ zu verbessern.

Die tagtäglich spürbare Sandwichposition, die die Alltagssituation des Managements darstellt, macht es den Führungskräften schwer, sich gegen überhöhte Anforderungen von außen abzuschirmen, wenn eigentlich nötig. Folgende Fragen können hilfreich sein, wenn es darum geht, generell zu erkennen, wo man als Führungskraft steht und wo die eigenen Grenzen sind.

Grundfragen

- Was will ich leisten?
- Was will ich nicht leisten?
- Was kann ich leisten?
- Was kann ich nicht leisten?

Eine gesunde Abgrenzung in Form eines gelegentlichen „Nein“ kommt der Führungsrealität näher. Zu versuchen, alles zu akzeptieren und umzusetzen, bedeutet Selbstüberforderung und damit einhergehend einen Qualitäts- und auch Quantitätsverlust hinsichtlich der eigenen Leistung, ganz zu schweigen davon, dass Überforderung Demotivation bis hin zum Burnout mit sich bringen kann. Das gelegentliche „Nein“ dient ebenfalls dazu, eigene Teams oder einzelne Mitarbeiter von überhöhten Anforderungen abzuschirmen.

Ziel des Selbstmanagements sollte daher eine realistische

- Selbsteinschätzung
- Fremdeinschätzung (Einschätzung durch das Umfeld)

vor dem Hintergrund der aktuellen Anforderungen sein. Das damit verbundene Wissen um eigene Fähigkeiten und Defizite und um die meiner Mitarbeiter und Kollegen ermöglicht mir erst eine realistische Einschätzung darüber, was erreichbar ist und was nicht.

Es gibt verschiedene Möglichkeiten für eine Führungskraft, die notwendigen Informationen über die Wirkung des eigenen Führungsverhaltens auf die Mitarbeiter von diesen zu erhalten. So beispielsweise die gebräuchlichen anonymen 360-Grad-Umfragen. Ein anderer Ansatz wären direkte Gespräche. Diese erfordern allerdings Offenheit gegenüber einem metakommunikativen Führungsverständnis.

Metakommunikatives Führungsverständnis

Bereitschaft der Führungskraft, mit den Mitarbeitern über das Thema Führungsverhalten ca. einmal pro Jahr in der Gruppe auszutauschen. Dabei kann die Führungskraft folgende Fragen stellen:

- Wie fühlt Ihr Euch von mir geführt?
- Was ist daran gut, was ist verbesserungswürdig?
- Auf was reagiert Ihr allergisch?
- Wir wirkt sich meine Art zu führen auf die Zielerreichung und auf die Kooperation aus?

(Vgl. Thomann, 2000, S. 244)

Ein solches Gruppengespräch sollte jedoch vorab angekündigt, geplant und strukturiert durchgeführt werden. Teilnehmen sollten alle die Personen, die direkt von der Führungskraft geführt werden. Leiten kann dieses Gespräch die Führungskraft selbst, ein Mitarbeiter, der das Vertrauen aller besitzt und Moderationserfahrung hat, oder ein externer Moderator.

Grundsätzlich sitzt die Führungskraft hierbei nicht auf der Anklagebank, sondern es geht einzig und allein darum, dass sie aus freien Stücken ihr Interesse an ihrer Führungswirkung auf die Mitarbeiter bekundet und in die Tat umsetzt. Daher ist dies keine wirkliche Feedback-Situation, sondern ein Austausch über den Führungsalltag, der ja Stimmungen und Vorgehensweisen gleichermaßen beinhaltet. Ein solches Gespräch kann für alle Beteiligten eine äußerst konstruktive und motivierende Wirkung haben. Der Vorteil gegenüber anonymen Verfahren besteht in der differenzierteren Einschätzung der eigenen Führungsstärken und -schwächen.

8.1 Persönliche Veränderung

Um situativ (vgl. Kap. 6.1.4), wesensgerecht und erfolgreich zu führen, bedarf es also der gelegentlichen Hinterfragung des eigenen Führungsverhaltens. Verhaltensänderungen sind jedoch immer langfristig anzudenken: Zunächst entsteht die Einsicht in die Notwendigkeit einer Verhaltensänderung durch einen gewissen Leidensdruck. Diese Einsicht basiert wiederum auf der ehrlichen Erkenntnis, dass eigene Führungsdefizite vorliegen.

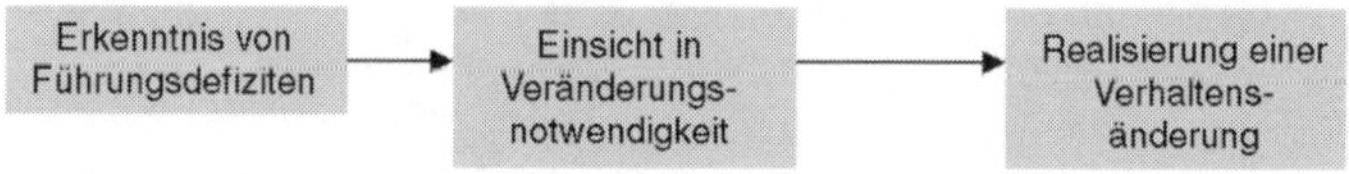

Abb. 15: Erkenntnis und Verhaltensänderung

Der Knackpunkt liegt allerdings in der Realisierung einer Verhaltensänderung im Allgemeinen. Dabei ist es unerheblich, ob es sich dabei um Führungs-, Team-, Konflikt- oder (eigentlich immer) um Kommunikationsthemen handelt. Wichtig ist vielmehr das persönliche Eingeständnis, dass jedweder Entwicklungswunsch seine Zeit braucht. Denn schließlich hatte man genauso lange Zeit gehabt, wie man alt ist, um das bisher etablierte und nun veränderungswürdige Verhalten aufzubauen.

8.1.1 Selbstkonzept und Veränderung

Verhaltensänderungen einzuleiten und tatsächlich zu realisieren, bedarf also der Geduld. Wie bereits in Kapitel 5.1 ersichtlich wurde, sind Postulate höherer Ordnung nicht so leicht zu verändern, wie Postulate niedrigerer Ordnung.

Wenn eine Führungskraft also beispielsweise ein „besserer Manager“ werden möchte, so sollte sie zunächst darüber nachdenken, in welchem Aktionsbereich sie diese Verbesserung am ehesten erreichen kann. Man geht also von einem Postulat höherer Ordnung aus und beeinflusst dieses durch die Veränderung von niedrigeren Postulaten, also beispielsweise durch die Überprüfung der eigenen Gesprächstaktiken.

Diese Gesprächstaktiken können wiederum aufgespalten werden in niedrigere Postulate, wie zum Beispiel Frageformen, aktives Zuhören, Feedbackregeln, rhetorische Finessen, und so weiter. Nun wird es konkret. An diesen Postulaten – man kann in diesem Falle sagen, dritter Ordnung – ist nun durchaus einiges veränderbar, denn sie sind tatsächliche Verhaltensweisen und nicht wie die Postulate höherer Ordnungen, immer abstraktere Eigenschaften.

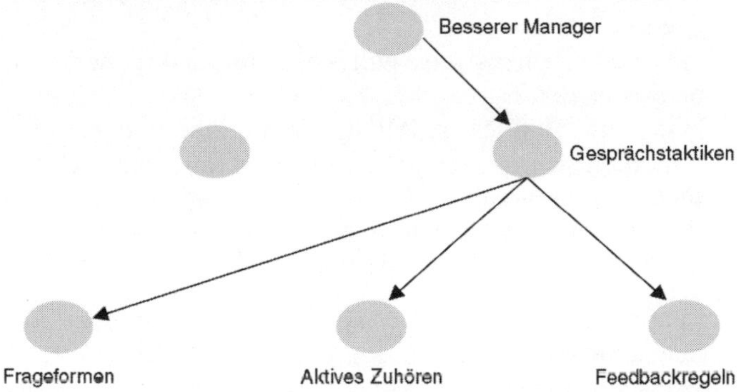

Abb. 16: Beispiel für die Ableitung einer Verhaltensänderung

Wir spüren selbst sehr genau, wo der berühmte „Hase im Pfeffer liegt“. Das heißt, wir wissen intuitiv, wo wir ansetzen können, um durch die gezielte Veränderung einer konkreten Verhaltensweise eine abstraktere Fähigkeit zu stärken oder auch abzuschwächen, je nach dem, was sinnvoll ist. So ist es für einen Choleriker intuitiv einsichtig, zunächst mal bis zehn zu zählen oder eine kleine, heimliche Atemübung durchzuführen, wenn er merkt, dass die Wut ihn überfällt und er Gefahr läuft, sein Gegenüber lautstark zu beschimpfen.

Um das eigene Verhalten gemäß eigener Ansprüche oder solcher, die von außen an uns herangetragen werden, zu verändern, bedarf es einer genauen Auseinandersetzung mit den eigenen Fähigkeiten und Möglichkeiten. Dies gilt im Übrigen für den privaten Sektor ebenso, wie für den beruflichen. Dabei kann folgender Fragenkatalog hilfreich sein:

1. Welche meiner Ansprüche an mich selbst oder von außen an mich herangetragen, habe ich noch nicht erreicht?
2. Welcher dieser Ansprüche ist mir davon der wichtigste?
3. Welche Eigenschaften brauche ich dabei und muss ich dazu verbessern?
4. Welche Eigenschaft ist dabei die wichtigste?
5. Welche Verhaltensweisen dienen der Verbesserung dieser Eigenschaft?
6. Welche Verhaltensweise will ich davon konkret in der Situation an den Tag legen?
7. Wie kann ich mich im Alltag daran erinnern, diese neue Verhaltensweise in der entsprechenden Situation auch tatsächlich zu zeigen?
8. Wie wird sich die Situation durch mein verändertes Verhalten (zum positiven) verändern?

Die Fragen 1–6 eröffnen den Weg von den allgemeinen Ansprüchen bis hin zu einer entsprechenden konkreten Verhaltensweise. Damit spiegelt sich der Weg von Postulaten höherer Ordnung hin zu Postulaten niedrigerer Ordnung wider, welche ja auch dementsprechend leichter veränderbar sind.

Frage 7 dient der Etablierung des neuen Verhaltens im Alltag. Um sich also täglich daran zu erinnern, kann man beispielsweise einen entsprechenden Bildschirmschoner einrichten, oder an irgendeiner Stelle im Büro einen nur mir selbst verständlichen und immer sichtbaren Gegenstand platzieren, sei dies ein Bild oder etwas anderes. Man kann dieser Gefahr, dass eigene Veränderungswünsche im Alltag untergehen, weiterhin dadurch begegnen, dass man eine Vertrauensperson im unmittelbaren Umfeld – soweit es diese gibt – in das eigene Vorhaben einweiht, und sie um regelmäßige Feedbacks bittet oder um ein kleines Zeichen, wenn man in die alte Verhaltensweise zurückzufallen droht.

Frage 8 dient letztlich der eigenen Motivation und ist daher sehr wichtig. Indem ich mir die verbesserte Situation vorstelle, etabliere ich in mir eine Vision, die für mich auch erreichbar ist. Dieses Wissen um die Machbarkeit führt zu echter Hoffnung. Mit dieser Hoffnung ist wiederum das Bestreben, durchzuhalten, verstärkt und dieser Zusammenhang erhöht die Erfolgswahrscheinlichkeit, die angestrebte Eigenschaft auch tatsächlich zu verbessern.

Insofern man diesen Katalog für sich in Bezug auf eine Verhaltensänderung durchgearbeitet hat und „startet“, muss man sich darüber im Klaren sein, dass eine neue oder veränderte Verhaltensweise nicht sofort und immer, wenn nötig, abrufbereit im Gedächtnis an vorderster Stelle steht, selbst, wenn Frage 7 zu einigen Erinnerungsankern geführt hat. Aber man wird das für sich selbst erwünschte Verhalten mit der Zeit immer öfter „parat haben“ und mit etwas Geduld automatisiert es sich dadurch.

8.1.2 Hindernisse bei Verhaltensänderungen

Die „Trägheit tief verwurzelter Ansichten“ (Senge, 1999, S. 217), behindert jedwede Chance zur Einsichtgewinnung und damit auch zur eigenen Veränderung. Ansichten dieser Art sind eigene Annahmen, Werte und Normen, mit deren Hilfe wir unser Leben eingerichtet haben und nach denen wir leben. Insofern sich eine Ansicht als für einen Menschen richtig und lebenstauglich erwiesen hat, ist dagegen auch nichts einzuwenden. Allerdings tendieren wir dazu, zu erwarten, dass unser Umfeld ebenfalls nach eben diesem Wertsystem agiert. Genau das funktioniert aber so nicht. Mögen eigene Ansichten für und über mich mit Recht tief verwurzelt und sinnvoll sein, so müssen sie es aber nicht in Bezug auf andere Menschen sein.

Gemeint sind hierbei nicht nur ethische Normen, die darauf abzielen, einander nicht zu schädigen. Gemeint sind vielmehr Annahmen, die getreu dem Motto „Das funktioniert für mich, also funktioniert es für alle“ Anwendung finden.

Beispielsweise wenn eine Führungskraft, die früher selbst eine autoritäre Ausbildung gehabt hat und der es „nicht geschadet hat“, diesen Führungsstil unisono auf alle Mitarbeiter gleichermaßen anwendet.

Führung bedeutet, wie zu Beginn dieses Kapitels betont, eine immense Verantwortung für Menschen. Und es ist nicht gerade die simpelste Aufgabe, andere Menschen wertschätzend und ergo individuell ausgerichtet zu motivieren. Aber dies ist nun mal berechtigterweise die zentrale Führungsaufgabe. Eine Führungskraft kann daher zu ihrem eigenen Segen auf ihr Bauchgefühl hören, welches sich sofort meldet, wenn eigene Ansichten und Werte mit denen anderer Kollegen und Mitarbeiter kollidieren. Diese spürbare innere Spannung nicht zu ignorieren, sondern zu beachten, ist immer das Gebot der Stunde. Ansonsten werden notwendige eigene Verhaltensänderungen von der Führungskraft gar nicht erst wahrgenommen.

Diese innere Spannung auszuhalten und sie nicht mit Angst zu verwechseln, ist allerdings nicht immer einfach. Im Zustand der Angst tendieren wir dazu, die innere Spannung vorschnell zugunsten unserer Annahmen und Vorstellungen aufzulösen, indem wir unsere Ansichten durchdrücken. Somit erreichen wir allerdings etwas, was wir eigentlich nicht wollen, nämlich gegebenenfalls die Demotivation der Mitarbeiter. Dies hat eine Kette von Frustrationen, Zielverkleinerungen und kurzfristigen Erleichterungen zur Folge. Wirkungsvoller und effizienter ist eine genauere Überprüfung der Realität und damit ein genaueres Wissen um die eigenen Visionen, Fähigkeiten und Fertigkeiten sowie die meiner Mitarbeiter.

8.1.3 Werte und Normen

Eigene Werte und Normen sind der Spiegel unserer Lebenserfahrungen. Werden zentrale Werte von anderen verletzt, so sind wir mindestens irritiert oder reagieren gar mit negativen Gefühlen wie Angst, Ärger, Wut oder Hass.

Allerdings sollten solche Werte oder Normen – wie bereits beschrieben – nicht so unantastbar und stabil sein, dass sie in Vorurteile ausufern. Denn wenn wir Personen begegnen, die diesen Werten und Normen nicht entsprechen, leiten wir allzu schnell implizite Annahmen über diese Personen ab, die wir oftmals nicht aussprechen, an denen die anderen dann aber in unseren Augen unwissentlich scheitern.

Eine recht destruktive Norm ist in unserer westlichen Welt immer noch zu finden – nämlich unsere *Einstellung gegenüber Fehlern*. Wir werten Fehler und Misserfolge als unbedingt zu vermeidende persönliche Niederlagen, die mit Scham und Schuldgefühlen einhergehen. Dabei sind sie, bei Lichte betrachtet, Hinweise auf verbesserungswürdige Gegebenheiten. Und diese zu verändern – eins nach dem anderen – ist uns durchaus möglich.

Fehler ermöglichen zu einem großen Teil unser Lernen und sie sind eine Chance zu produktiver Verbesserung. Ohne Fehler zu machen, lernen wir nicht umfassend genug und könnten uns auch nicht angemessen weiterentwickeln. Also müssen wir Misserfolge nicht samt und sonders als persönliche Offenbarungseide bewerten und dadurch Versagensängste von hoher Intensität entwickeln. Im Zustand dauernder Versagensangst zu leben, trägt nicht gerade dazu bei, unseren persönlichen Visionen – seien diese privater oder beruflicher Natur – nahe zu kommen, sondern verlangsamt unsere Bemühungen unbotmäßig.

Dauernde Angst führt also nicht zum Erfolg, sondern mindert dessen Auftretenswahrscheinlichkeit. Und tritt der Erfolg mal ein, so stuft man diesen als Zufall ein und sorgt man sich bereits wieder darum, ob der nächste Misserfolg ansteht. Diese Misserfolgsorientierung ist langfristig umzupolen in eine Erfolgsorientierung – in eine hoffende Einstellung also. Folgende Fragen immer mal wieder zu beantworten, ist dabei hilfreich für eine eigene Standortbestimmung:

– Nehme ich mir die Zeit, mich über Erfolge zu freuen?

- Lehne ich mich gelegentlich zurück und genieße das Gefühl, das sich einstellt beim Gedanken an meine Visionen, Träume und zukünftigen Erfolge?
- Habe ich mir beim Treffen einer wichtigen Entscheidung die nötige Zeit genommen?

Eine weitere eher hinderliche Norm besteht in der Annahme, dass man dann besonderen Respekt verdient, wenn man schnell die richtige Entscheidung trifft. Das kann ich durchaus tun, wenn ich mir eine Wintermütze kaufen will. Aber wenn zentrale, wichtige Entscheidungen zu fällen sind, brauche ich Zeit, um alle relevanten Informationen zu sammeln. Bedachtsamkeit zahlt sich dabei aus. Nervosität bis hin zur Angst tritt hier am ehesten auf, wenn wir merken, dass wir uns dem Zeitdruck unkritisch unterwerfen. Dann signalisiert sie uns mit Recht, dass die Situation bedrohlich wird, weil wir eingeräumt haben, aufgrund unvollständiger Informationen eine wichtige Entscheidung im Blindflug zu treffen.

Ein dritter Punkt ist noch zu beleuchten – die oftmals allzu einseitig ausgeprägte Entschlossenheit oder Willenskraft, mit der berufliche Ziele verfolgt werden. Eine solche Ausschließlichkeit fordert unsere ganzen Ressourcen. Wir stehen ratlos vor unserem Privatleben, für welches wir dann kaum mehr Kraft übrig haben. Wir leben mit der Überzeugung, dass wir das einzig Mögliche tun, wenn wir unser Überleben und das der Familie sichern.

Dabei verdrängen wir häufig, dass das Überleben einer Familie zum gleichen Teil von Wertschätzung und Emphatie abhängig ist. Wir sind der festen Überzeugung, dass wir diese Wertschätzung durch unsere berufliche Willenskraft und der damit verbundenen Existenzsicherung der Familie ausreichend bekunden. Das dies offenbar nicht der Realität entspricht, zeigen die hohen Scheidungsraten überdeutlich und wir stehen ratlos vor den Trümmern unseres guten Willens und fühlen uns missverstanden.

Oftmals müssen Führungskräfte einen beruflichen Preis bezahlen, wenn sie private Zeitfenster nicht anzutasten bereit sind. Einen Ausweg aus diesem Dilemma gibt es dann nicht wirklich. Wenn sie sich jedoch eingestehen, dass sie die Veränderung ihrer Lebensqualität durch das schleichende Wegbrechen ihres privaten Umfeldes entweder zu akzeptieren bereit sind oder nicht, wäre eine klärende Wahl getroffen.

Orientierungsfragen können hierbei sein:

1. Ist ein Gleichgewicht zwischen beruflichem und privatem Erfolg wirklich Teil meiner Lebenseinstellung?
2. Strebe ich tatsächlich nach einer angemessenen Zeiteinteilung oder argumentiere ich mit dem Satzanfang: „Ich kann nicht…“?
3. Was ist mir wirklich wichtig?
4. Habe ich eine grundlegende Wahl, was die Zeiteinteilung zwischen Beruf und Privatleben angeht, bereits getroffen? Was ist mit Wochenenden, Abenden, der Notwendigkeit von häufigen Geschäftsessen, berufliche Telefonate im Urlaub, usw.?
5. Bin ich bereit, Kompromisse einzugehen und lebe ich diese Einstellung auch?
6. Kennt mein berufliches und mein privates Umfeld meine Wahl genau?
7. Ruft diese Wahl Behagen oder Unbehagen in mir hervor? Ist es mir also wirklich ernst mit dieser Wahl?

Eine wirkliche Lösung dieses Zeitproblems kann nur gefunden werden, wenn im Rahmen der Unternehmenswerte ein bestimmter Wert durch die Führungskräfte aller Ebenen hinterfragt wird: Sind wirklich nur die Mitarbeiter leistungsfähige Helden, die ihrer Arbeit alles andere unterordnen? Ist es nicht vielmehr erstrebenswert, wenn ein Unternehmen ein flexibles Organisationssystem entwickelt, welches es ermöglicht, dass Mitarbeiter zwischen arbeitsintensiven und weniger arbeitsintensiven Phasen, die im Arbeitsprozess zweifellos entstehen, abwechseln? Und wäre es wirklich so abwegig, wenn Mitarbeiter in weniger arbeitsintensiven Phasen diesen Raum für Privates und Familie nutzen können, ohne dafür sanktioniert zu werden?

Diese Fragen implizieren eine tiefgreifende Veränderung in der Unternehmensorganisation, die Zeit kostet, und im Rahmen eines Change-Prozesses mit zu den sinnvollsten zu lösenden Problemen gehört. Solange jedoch diese „konstante hohe Leistung = Heldentum"-Mentalität in Unternehmen vorherrscht, werden einzelne Mitarbeiter und Führungskräfte nur innerhalb des o. g. Dilemmas agieren können.

8.2 Ansatzpunkte im Selbstmanagement

Unsere Befürchtungen, Fehler zu machen, werden mit beruflichen Erfolgen und der damit verbundenen Karriere nicht weniger. Denn wir selbst werden mit erhöhter Position sichtbarer und damit auch unsere Misserfolge.

Es gibt grundsätzlich zwei Ansatzpunkte, Angstintensitäten auf erträgliche Maße zurückzuführen und dadurch Raum für Hoffnung zu schaffen. Der eine Weg geht über die körperliche Entspannung (Schonung und Erholung); der andere Weg geht über die Hinterfragung unserer Denkstile. Die besten Ergebnisse in punkto Angstreduktion erreicht man, wenn man beide Wege gleichzeitig und langfristig in Angriff nimmt. Beispielsweise, indem man Autogenes Training oder Meditationstechniken erlernt und langfristig anwendet und parallel dazu eigene Denkstile überprüft.

Wie bereits betont, ist unser Bedürfnis, Angst und Hilflosigkeit zu vermeiden, gleichzusetzen mit unserem Bedürfnis nach Kompetenz und damit Kontrollfähigkeiten (Seligman, 1986, vgl. auch Kap. 3.4). Denn wenn wir kompetent sind, verfügen wir über die notwendigen Bewältigungsfähigkeiten, um eine bedrohliche Situation in den Griff zu bekommen. Der Casus belli besteht darin, dass wir oftmals *annehmen*, wir verfügten nicht in ausreichendem Maße über diese inneren Fähigkeiten, oder wir unterschätzen die äußeren Ressourcen (vgl. primäre und sekundäre Bewertung, Kap. 5.2), die uns aus unserer Umwelt zur Verfügung gestellt werden könnten, und so bewerten wir die auf uns zukommende Situation als Bedrohung und entwickeln Ängste.

Es geht also im Kern um die Überprüfung solcher Bewertungen, beziehungsweise Annahmen, denn nichts anderes sind sie. Die Realität muss schließlich erst einmal eintreten, bevor wir davon ausgehen können, dass unsere Annahmen ihr auch 100%ig entsprechen. Also gilt es, unsere Aufmerksamkeit auf die relevanten Problemlösungschancen zu richten. Manche Probleme, die wir als stressend-bedrohlich bewerten und auf die wir dann mit entsprechenden körperlichen und seelischen Reaktionen antworten, lassen sich durch die folgende Frage in die richtige Relation setzen:

„Wie bedeutungsvoll/-los wird dieses Ereignis in einem Monat/einem Jahr noch für mich sein?“

8.2.1 Bewertung kleinerer Ereignisse und Situationen

Unabhängig davon, welchen Weg wir gehen, um belastende Bewertungen und damit zusammenhängende negative Emotionen abzubauen – es gilt auch, das Förderliche in den negativen Ereignissen zu sehen. Gelegentlich gelingt es nicht, diese Haltung einzunehmen *während* man sich in einer belastenden Situation wiederfindet, beispielsweise, wenn das Gerücht kursiert, dass meine Abteilung „entschlackt“ werden soll und ich um meinen Arbeitsplatz fürchte, oder wenn ich erfahre, dass ich eine gefährliche Krankheit habe, oder wenn ich der Überzeugung bin, dass ich an meiner beruflichen Überlastung nichts ändern kann, usw.

Wohl aber gelingt es uns im Laufe der Zeit, die damalige Krisensituation als Herausforderung anzuerkennen, die sich auf die persönliche Entwicklung insofern positiv ausgewirkt hat, als dass der Blick aufs eigene Leben mit einem Anstieg an seelischer Reife, Selbstverantwortung und Unabhängigkeit einherging und -geht. Manches relativiert sich dadurch ein für alle Mal. Warum tun wir das eigentlich nicht etwas häufiger und etwas eher – nämlich während oder gar vor der als bedrohlich bewerteten Situation, insofern uns diese Situation im Vorhinein angekündigt wurde?

Tausch (1996) schlägt folgende Fragen vor, die vor und während kleineren Belastungen hilfreich sein können, um letztere realitätskonformer einzuordnen:

- Welche förderlichen Gesichtspunkte gibt es auch?
- Kann ich eine günstigere Bedeutung in dem Ereignis sehen?
- Welchen Sinn kann ich dem Ereignis geben?

8.2.2 Bewertung massiverer Ereignisse und Situationen

Für den Fall einer dauerhaften beruflichen Überforderung oder massiven Unzufriedenheit gelten jedoch andere Spielregeln. Es ist durchaus möglich, dass eigene Demotivation und Frustration aufgrund langandauernder, überhöhter beruflicher oder/und privater Anforderungen zum Dauerzustand werden, ohne dass man einen Gedanken daran verschwendet, daran etwas zu ändern, weil man annimmt, dass man keinen Einfluss darauf hat (Kontrollverlustdenken, vgl. Kap. 8.3). Man befindet sich dann in einem Spannungsfeld zwischen Sozial-, Leistungsangst und Existenzangst (vgl. Kap. 3.1) und gerät in eine Gedankenschleife der Hilflosigkeit, die keine Perspektive für Auswege mehr bereitstellt.

Es gilt, diese wahrgenommene Situation zunächst gründlich mit Vertrauenspersonen oder im Coaching zu hinterfragen, denn es kann sein, dass man ein „Ausschlussdenken“ an den Tag legt, welches unter langandauerndem Stress durchaus auftreten kann. Dieses Denken besteht im Sinne der Denkstile darin, dass man eine Situation

external	(es liegt ausschließlich an den äußeren Umständen)
global	(es liegt am gesamten Umfeld)
stabil	(das ändert sich nie)
unkontrollierbar	(ich habe keinen Einfluss darauf)

bewertet.

Abb. 17: Gedankenschleife und Hilflosigkeit

Erst, wenn man zu dem pessimistischen, aber dennoch realitätskonformen Schluss kommt, dass man tatsächlich keine Einflussmöglichkeiten hat, rücken zwei Fragenkomplexe in den Mittelpunkt:

- Will ich so weitermachen? Muss ich das tatsächlich alles akzeptieren?
- Wie habe ich mir mein Leben vormals vorgestellt? Was war und was ist mir wirklich wichtig zu erreichen?

In diesem Zusammenhang ist es sinnvoll, den eigenen Tunnelblick zu erweitern und wieder auf die gesamte Lebenslandschaft zu richten, und der eigentlich banalen, aber im Prozess der Hilflosigkeit schnell vergessenen Tatsache Rechnung zu tragen, dass es mehr gibt, als unlösbare Probleme zu akzeptieren. Dabei kann man zu dem Ergebnis gelangen, dass ein beruflicher Wechsel oder gar ein „Ausstieg" als Konsequenz aller Abwägungen notwendig wird, um den Zustand der Hilflosigkeit zu beenden. Damit gerät man wieder in die Nähe der Existenzangst, aber auch in die Nähe der Hoffnung, denn die Zukunft ist wieder offen. Bei aller Angst vor einem solchen Schritt – es gibt nichts motivierenderes, als sich mit dem eventuell Machbaren zu befassen – das bedeutet, mit der Zeit wieder hoffen zu können.

8.2.3 Prinzipien des Selbstmanagements vor und in Leistungssituationen

Durch eine Sichtweise, die nicht nur die negativen Aspekte eines Ereignisses, sondern auch die positiven zu gleichen Teilen beachtet, kommen wir dahin, Bedrohungsbewertungen zu relativieren und damit auch die einhergehenden negativen Emotionen, allen voran Ängste mit unangemessen hohen Intensitäten. Insgesamt geht es darum, Leistungsängsten im Vorfeld zu begegnen und sie auch in der Leistungssituation selbst einzudämmen. Denn nur dann kann in der Folge Hoffnung entstehen.

Prystav (1985, S. 36) hat die Inhalte, um die sich unser Denken in Bezug auf Angst in Leistungssituationen (beispielsweise einer Präsentation oder einem belastenden Gespräch) dreht und die wir dann negativ besetzen, zusammengetragen. Dabei unterscheidet er sinnvollerweise zwischen unseren Gedanken *vor* der als bedrohlich bewerteten Situation und *während* der bedrohlich bewerteten Situation. Wenn wir vor einer bedrohlichen Situation stehen, können sich unsere Gedanken um folgende Themenkreise drehen:

Vor der bedrohlichen Leistungssituation (Planungs- oder Vorbereitungsphase)

1. Aufmerksamkeitsfokussierung auf die Leistungsanforderungen, oder von ihnen weg:

   Es ist überaus segensreich, die eigene Aufmerksamkeit auf die Leistungsanforderungen im Sinne der Vorbereitung und Handlungsplanung zu richten, und nicht von ihnen weg. Ansonsten entzieht man sich selbst wertvolle Ressourcen, die unmittelbar dem zu lösenden Problem zugute kommen sollte. Und genau dadurch tritt ja erst die Leistungsverschlechterung ein, die man befürchtet.

2. Vermeidung negativer selbstbezogener Kognitionen vs. Grübeln über sich und die Leistung:

   Letzteres passiert genau dann, wenn wir unsere Aufmerksamkeit vom zu lösenden Problem abziehen und stattdessen zweiflerisch über unsere Unfähigkeit nachdenken. Dann entsteht der Zusammenhang, dass wir genau durch diesen Ressourcenabzug bereits im Vorbereitungssektor an Leistungsqualität und -quantität einbüßen.

3. Positive oder negative Selbstinstruktionen:

   Sich selbst zur Ordnung zu rufen und das eigene innere Geschehen durch positive Instruktionen („Jetzt komm aber – das kannst Du doch schaffen; konzentrier' Dich") oder durch negative Selbstinstruktionen („Jetzt schweif' nicht schon wieder ab") wieder auf die Situation auszurichten, ist im Rahmen erhöhter Selbstaufmerksamkeit gar nicht so schwer.

4. Kognitive Bewertung der Besorgtheit (*Worry*) und der Aufgeregtheit (*Emotionality*) (vgl. Kap. 1.2.2):

   Emotionality beinhaltet das subjektive Spüren der eigenen körperlichen Erregung und deren Interpretation als mit einer bestimmten Emotion verbunden, so zum Beispiel: „Ich bin angespannt (im Sinne ängstlicher Erregung), weil…" oder „Ich bin aufgeregt, weil ich hoffe, dass…" Emotionality an sich stellt keinen wirklichen Störfaktor für die Planung und Durchführung einer Leistung dar. Wohl aber die damit verbundenen Bewertungen und selbstzentrierten Gedanken (Worry), die über die gesamte Planungs- und Leistungsphase hinweg eine ablenkende und damit negative Wirkung auf unsere Vorbereitungsbemühungen haben kann.

5. Anspruchsniveausetzung und deren eventuelle Änderung:

   Wenn man bereits in der Vorbereitungsphase eigentlich gute eigene Teilleistungen als Misserfolge bewertet, weil man in diesem Punkt schlicht und einfach einen zu hohen Anspruch an sich selbst hat, und das womöglich noch trotz wohlwollendem Feedback von Kollegen und Vorgesetzten, so ist es an der Zeit, diesen Anspruch den eigenen Fähigkeiten und Möglichkeiten anzupassen.

Weiterhin kann es im Rahmen einer Vorbereitungsphase – so beispielsweise bei Projektplanungen – geschehen, dass man erkennt, dass das angestrebte Ergebnis nicht erreichbar ist, oder gar übertroffen werden könnte. In beiden Fällen sollte der Qualitätsanspruch angeglichen werden.

6. Zeitweise mentale Ablenkung (Pausen):

   Im Rahmen der gesamten Zeitplanung kann man diese kleinen Zeitfenster unter anderem für Entspannungsübungen nutzen. Dadurch spart man letzten Endes Zeit, indem man die eigene Konzentrationsfähigkeit verbessert.

Während der Leistungssituation

1. Konzentration auf leistungsbezogene Kognitionen:

   Diese Haltung muss kaum weiter betont werden. Es gilt immer, die selbstzweiflerischen Grübeleien über die eigene möglicherweise defizitäre Leistung im Zaum zu halten zugunsten einer Aufmerksamkeitsausrichtung auf das gerade aktuelle Tun.

2. Vermeidung negativer selbstbezogener Kognitionen oder verstärktes Grübeln über sich und die Leistung:

   Wenn wir uns schon im Sinne der Selbstaufmerksamkeit auf unser Tun und damit auch auf unsere Wirkung auf andere konzentrieren, so sollten wir dringlich darauf achten, dass wir dabei nicht in Angstschleifen geraten, weil wir annehmen, dass andere gerade bemerken, dass wir „nicht perfekt“ sind. Wenn wir einen Fehler machen, so gilt es, diesen schnellstmöglich durch unsere Reflexion und unser Zutun zu relativieren, und nicht „einzufrieren“.

Also macht es erheblich mehr Sinn, uns konstruktiv auf die sofortige Behebung zu konzentrieren und Katastrophisierungsgedanken im Keim zu ersticken. Im Übrigen wird es oft positiv anerkannt, wenn wir zu unseren Fehlern mit einer Prise Humor und dem Willen zur Verbesserung stehen.

3. Beachtung externer Faktoren (Zeit, Kollegen, Vorgesetzte) und damit verbundene flexible Strategiemöglichkeiten (zum Beispiel Zeitgewinnung durch Bitte um Erläuterungen, Argumentnotizen, u. v. a.):

   Selbst während man gerade eine wichtige Leistung zu erbringen hat, gibt es Möglichkeiten, seinen Leistungsstandard zu sichern. Die dazu nötigen Ressourcen sollten bereits in der Planungsphase hinlänglich bedacht worden sein.

4. Wahrnehmung des bestehenden Ist-Soll-Standards:

   Dazu dient die Frage: „Wo stehe ich jetzt und wo will ich hin?“ Gelegentlich ergeben sich daraus notwendige Kurskorrekturen, die in der Leistungssituation bedeutsam werden. Man kann eben nicht alles im Vorhinein bedenken und planen. Daher sollte ein gewisser Ressourcenrahmen – sei es als Zeitfenster oder/und andere qualitative und quantitative Ressourcen – zur Verfügung stehen, um Flexibilität zu ermöglichen.

5. Positive oder negative Selbstinstruktionen:

   In einer Leistungssituation ergeben sich häufig kleinere oder größere Pannen. Um in diesen Momenten wenigstens ansatzmäßig Ruhe zu bewahren, ist auch hier wieder eine kleine, innerlich gesprochene Aufforderung zweckmäßig. So beispielsweise bei Kritik von anderen: „Fang’ jetzt nicht an, Dich zu rechtfertigen – korrigiere lieber

Deinen Kurs, wenn nötig." Oder wenn andere einen bewusst überhören „Frust hilft nicht – bestehe freundlich darauf, gehört zu werden." u. v. a.

6. Kognitive Bewertung der Aufgeregtheit (Emotionality) und der Besorgtheit (Worry):

   Hier ist dem bereits Gesagten (vgl. Planungs- und Vorbereitungsphase) nichts hinzuzufügen.

7. Änderung des Anspruchsniveaus in Bezug auf die eigene Leistung:

   In einer aktuellen Leistungssituation sind – wie bereits beschrieben – Kurskorrekturen gelegentlich notwendig, weil wir gerade zuviel oder zuwenig des Guten leisten. Eine gewisse Flexibilität im eigenen Anspruch ist dabei äußerst hilfreich, weil es weit mehr um die Zufriedenheit von Kunden, Kollegen, Mitarbeitern oder Vorgesetzten geht, als darum, meinen eigenen Anspruch zu realisieren. Ich bin schließlich erst dann erfolgreich, wenn mein Umfeld mich so einstuft.

8. Nach Misserfolgen keine Änderung der Selbstwertschätzung:

   Wenn wir mal eine Präsentation an die Wand gefahren haben, oder ein Mitarbeitergespräch nicht in unserem Sinne gelaufen ist, also generell unsere Bemühungen als nicht ausreichend bewertet werden, so geht es nicht darum, dass wir uns selbst als Gesamtperson in Frage stellen. Vielmehr geht es um bestimmte Aspekte unseres Tuns, die verbesserungswürdig sein könnten. Der allgemeine Selbstwert hat damit nichts zu tun. Also nicht: „*Ich* bin verbesserungswürdig", sondern: „Diese bestimmte Verfahrensweise ist verbesserungswürdig."

8.3 Selbstmanagement und Stimmungen

Dass Emotionen und Denken zwei Seiten ein und derselben Medaille sind, wird ebenfalls dann deutlich, wenn wir uns in positiven oder negativen Stimmungen befinden – was Zeit unseres Lebens ohne Unterbrechung der Fall ist.

Stimmungen sind im Gegensatz zu Emotionen eher lang andauernde, nur mäßig intensive Gefühlslagen. Wir können schließlich eine ganze Weile „gut drauf“ oder „schlecht drauf“ sein. Stimmungen erhöhen auch die Auftretenswahrscheinlichkeit von entsprechenden positiven oder negativen Emotionen. Sie sind nicht wesentlich anders zu verstehen, als das was in der Emotionspsychologie mit TRAIT (vgl. Kap. 1.2.1) gemeint ist. Beiden gemein ist der zeitliche Aspekt der Langfristigkeit. Allerdings bezieht sich TRAIT bereits auf spezielle Emotionen wie Angst, Liebe, Freude u. v. a., wohingegen Stimmungen nicht viel mehr als positiv oder negativ sein können.

Man nimmt heute an, dass negative Stimmungen analytisches und detailorientiertes Denken und Handeln fördern, wohingegen positive Stimmungen unser Denken und Handeln bezüglich Ganzheitlichkeit und Kreativität positiv beeinflussen können. Somit kann man nicht sagen, dass negative und positive Stimmungen jeweils negative und positive Wirkungen auf unser Denken haben. Es hat beides seine Vor- und Nachteile:

Wenn man also einen „schlechten Tag“ erwischt hat, so ist es nützlich, sich soweit als möglich mit analytischen und strukturierten oder strukturierbaren Arbeitsinhalten zu befassen oder wenigstens eine entsprechende Perspektive einzunehmen. Beispielsweise kann man sich im Rahmen von Projektplanungen auf die Sammlung der Inhalte konzentrieren oder den groben zeitlichen Ablauf konzipieren. Man kann im Rahmen von Problemlösungsprozessen seine Aufmerksamkeit auf die Sichtung und Gliederung von Ursachen richten. Man kann die Korrespondenz in den Vordergrund des Tagesarbeit stellen. Ich nenne dies einen Zahlen-Daten-Fakten-Tag.

Hat man einen eher „guten Tag“, so kann man diese Stimmung für ganzheitliche und kreative Bearbeitungsschwerpunkte nutzen. Man kann sich generell schwierig erscheinenden Problemen besser zuwenden und dabei vielleicht die ein oder andere originelle Lösungsidee gedanklich durchspielen. Man kann für eine Präsentation originelle Grafiken zur Visualisierung der Inhalte konzipieren. Man kann beispielsweise für eine zukünftige Teamsitzung Inhalte zu einem diesmal anderen Gesamtablauf aufbauen, der mehr Raum für flexible Themenbearbeitung lässt. Man kann sich auch Gedanken über bestehende Defizite im Informationsfluss zwischen Abteilungen machen, wenn dies zum eigenen Arbeitsfeld gehört u. v. a. Möglicherweise ergeben sich aus einer ganzheitlichen Sicht „von oben“ neue Einsichten.

In jedem Falle erkennt man, wozu man im aktuellen Tagesgeschäft in Abhängigkeit von der eigenen Stimmung besonders befähigt ist und könnte dabei – im Rahmen des Möglichen – den Schwerpunkt auf korrespondierende Tätigkeiten legen.

8.4 Zusammenfassung

In diesem Kapitel ging es um die Veränderungsmöglichkeiten des (Führungs-)Verhaltens je nach äußeren oder inneren – sprich eigenen – Anforderungen. Dabei stehen zu Beginn vier Grundfragen im Mittelpunkt, die darauf abzielen, Wollen und Können voneinander zu separieren. Denn längst nicht alles, was man nicht will, kann man auch nicht.

Weiterhin basiert jedwede Veränderungsabsicht auf dem eigenen Selbstbild und dessen Abweichung von Fremdbildern. Je größer solche Abweichungen sind, desto wahrscheinlicher wird eine Veränderungsabsicht. Eine Führungskraft kann zur Eruierung ihrer Wirkung auf die Mitarbeiter mit diesen ein metakommunikatives Führungsgespräch durchführen.

Letzten Endes basiert jede Veränderungsabsicht aus der Einsicht in die Veränderungsnotwendigkeit. Dabei sollte man jedoch davon absehen, Postulate höherer Ordnung (globale Eigenschaften) sofort verändern zu wollen, sondern man sollte dies bei korrespondierenden Postulaten niedrigerer Ordnung (konkrete Verhaltensweisen) in Angriff nehmen, um langfristig die dahinter stehenden Eigenschaften zu beeinflussen.

Einige Werte und Normen können durchaus hinderlich sein, wenn es darum geht, eine Veränderungsnotwendigkeit überhaupt wahrzunehmen. Beispielsweise

- die Einstellung gegenüber Fehlern,
- die Einstellung gegenüber schnellen Entscheidungen,
- die Ausschließlichkeit, mit der berufliche Ziele verfolgt werden, u. v. a.

Ansatzpunkte im Selbstmanagement gibt es grundsätzlich zwei. Zum einen kann man physiologische Parameter langfristig durch Entspannungstechniken verbessern und zum anderen kann man an der Realitätsüberprüfung in Bezug auf die eigenen Denkstile ansetzen. Dies gilt sowohl für Bewertungen kleinerer Ereignisse und Situationen, als auch für die Bewertung massiverer Ereignisse und Situationen. Bei Letzteren kann es durchaus passieren, dass erkannt wird, dass man realiter keine Einflussmöglichkeiten auf eine notwendige Veränderung des Umfeldes hat, und so zu dem Schluss kommen muss, dass man dieses Umfeld hinter sich lassen sollte.

Zu guter Letzt spricht dieses Kapitel Denkinhalte vor und in Leistungssituationen an, die den Stress und damit die Auftretenswahrscheinlichkeit von Angst erhöhen können. Es gilt hierbei, eine Sichtweise einzunehmen, die die positiven Aspekte einer Leistungssituation den negativen Aspekten wertfrei gegenüber stellt. Entsprechende Inhalte wurden dabei diskutiert.

9. Emotionen im Changemanagement

Die Stunde des Veränderungsprozesses für ein ganzes Unternehmen schlägt, wenn die Unternehmensziele und Visionen nicht mehr mit der realen Praxis in- und außerhalb eines Unternehmens übereinstimmen. Unzufriedenheiten und Frustrationen entstehen dann unter den Mitarbeitern, Kollegen und Vorgesetzten und womöglich auch bei den Kunden.

Mitarbeitermotivation entsteht durch emotionale Bindung ans Unternehmen. Dies hängt wiederum sehr von der Unternehmenskultur und deren Werten ab. Die propagierten Werte im Unternehmen müssen auch gelebt werden, ansonsten sind Tür und Tor offen für Irritationen und negative Gefühle, wie Scham, Schuld, Wut, Angst, Verzweiflung, Hilf- und Hoffnungslosigkeit.

Eine solche Situation tritt heute – wenn auch nicht immer mit der hier beschriebenen Massivität – vermehrt auf, weil sich die wirtschaftlichen, sozialen und politischen Faktoren schnell ändern und einen immer höheren Grad an Komplexität an den Tag legen. Diese zunehmende Instabilität und Verflechtung erfordert von jedem Unternehmen weitreichendere Reaktionsmöglichkeiten.

Ein Unternehmen kann aber nur dann lebendig und flexibel auf Marktanforderungen reagieren, wenn sein „Betriebssystem" nicht allzu sehr im negativen Sinne mit sich selbst beschäftigt ist. Wenn die Mitarbeiter misstrauisch sind und nur das tun, was unbedingt sein muss, wodurch die Misserfolgsquote einzelner Abteilungen zur Belastung für das gesamte Unternehmen werden kann, wird das Unternehmen langsam und rigide.

Changemanagement ist daher nichts anderes, als die exakte Eruierung der Problemfelder in- und außerhalb des Unternehmens und die damit verbundene langfristige Kurskorrektur, die das Unternehmen wieder auf sein eigenes – neu überdachtes – Wertesystem und auf die Umwelt einschwingen soll. Man kann Changemanagement daher als einen Einschwingungsprozess verstehen.

Ein solcher Einschwingungsprozess beginnt mit der schmerzhaften Erkenntnis, dass ein veränderungswürdiger Zustand vorliegt. Dieser Ausgangszustand ist von allen Beteiligten zunächst zu beschreiben. Weiterhin gilt es, eine Vision zu entwickeln, wo ein Unternehmen innerhalb einiger Jahre stehen will. Der dazwischenliegende Prozess der langsamen Einschwingung auf diesen Zielzustand ist natürlich mit Auslenkungen und ergo Fehltritten behaftet.

Aber gerade darum geht es ja im Changemanagement: Das Lernen durch und im Prozess und damit auch das Lernen aus Fehlern steht im Mittelpunkt. Der wertvollste Kern des Veränderungsmanagements liegt in der Erkenntnis, dass man flexibel auf auftretende Hindernisse, Probleme und Fehler reagieren muss und kann. Man kann einen groben Weg planen, aber man kann nicht alle Eventualitäten, die am Wegesrand hinter dem nächsten Hügel auf einen warten, mit bedenken. Und man kann schon gar nicht vorhersagen, ob man zu einem Zeitpunkt x nicht vielleicht erkennen muss, dass es sinnvoller ist, einen anderen Weg, der von ersterem abzweigt, einzuschlagen.

Dies erfordert eine Haltung, die vom Ursache-Wirkungsdenken ablässt, und sich dem systemischen Denken zuwendet, welches Veränderungen als Prozesse von Systemen betrachtet, die wiederum Teil weiterer Systeme sind. Beispielsweise: Ein einzelner Mitarbeiter steht im Abteilungssystem, welches sich wiederum im Unternehmenssystem befindet, welches sich wiederum im Marktsystem befindet, welches… und so weiter. Jedes System steht in Wechselwirkung mit den anderen Systemen (vgl. Senge, 1999, 2000).

Die Konfrontation und der Umgang mit Überlegungen dieser Art von Unsicherheiten und Unwägbarkeiten verbunden mit der Anforderung des situativen Lernens, ruft ohne viel Federlesens Ängste hervor. Wir bewerten die für uns unüberschaubar gewordene Umwelt als eher unkontrollierbar, denn wir haben massive Schwierigkeiten, entsprechende „Tools" regelgerecht anzuwenden. Wie auch, wenn unsere Umgebung im stetigen Wandel begriffen ist?

Es gilt daher, Unternehmen so umzugestalten, dass sie in der Hauptsache lernfähiger und flexibler sind. Unter anderem bedeutet dies für Konzerne, aber auch für mittelständische Unternehmen, abzulassen von festgelegten hierarchischen Strukturen und sich anzunähern an dezentralisierte Strukturen, um eine schnellere Vorwegnahme oder Reaktion auf sich ändernde Marktanforderungen zu gewährleisten.

Doch bevor jedwedes Veränderungsmanagement überhaupt seine Wirkung erzielen kann, sollten besonders die „Bewahrer des Bewährten" von der Notwendigkeit unternehmensspezifischer Struktur- und Prozessänderungen überzeugt werden. Dabei gilt es, ebenso wie bisherige Werte und Normen, auch Tabus zu hinterfragen. Blinde Flecke in Unternehmen sind solche Themen, die als Tabus behandelt, und „besser nicht beachtet werden", obwohl sie existieren und durch ihre Nichtbehandlung ungebremst Schaden anrichten können. Der Schlüsselsatz hierfür ist: „So etwas gibt es bei uns nicht." Aus Angst, mit Sanktionen belegt zu werden, werden die Mitarbeiter diese blinden Flecke nicht ohne Weiteres ansprechen.

In allen Veränderungsbemühungen von Unternehmen spielt daher das Erreichen einer offenen Kommunikation die zentrale Rolle. Ohne klare und direkte Kommunikationswege versickern wichtige Informationen. Aber auch harte Bereiche wie Umsatzwachstum, Produktivität und Kostensenkung spielen im Veränderungsmanagement eine wichtige Rolle. Allerdings führt auch zu deren Erreichen kein Weg an den weichen Faktoren wie offener Kommunikation vorbei.

Jedes Veränderungsmanagement muss und kann solche Sozialkompetenzen fördern. Durch die gemeinsame Schaffung neuer Visionen, und den damit verbundenen Werte- und Normänderungen, durch Kommunikationsregeln, durch den offeneren Umgang mit Befürchtungen, durch konfliktprophylaktische Maßnahmen, durch die Unterstützung von Lernprojekten, durch angemessene Teammaßnahmen – um nur einige Ansatzpunkte zu nennen.

Sozialkompetenzen sind die Basis für Netzwerke. Und diese sind wiederum die Basis für schnelle und effiziente Reaktionsmöglichkeiten auf eine sich ständig ändernde Umwelt. Im immer häufiger vorkommenden Benchmarking spiegelt sich dieser Zusammenhang bereits wider. Netzwerke, die auf Fachkenntnis, Kollegialität und Vertrauen basieren, sind dabei das A und O.

Will man Changemanagement in Unternehmen erfolgreich durchführen, so bedarf es also einer Hinwendung zu „weichen" Faktoren in demselben Maße, wie der Umgang mit harten Faktoren bereits selbstverständlich geworden ist. Kern der Sozialkompetenz ist der angemessene Umgang mit unseren Emotionen. Belohnung ist die sich daraus ergebende Kommunikationsklarheit und damit die Erhöhung der Unternehmenseffizienz.

9.1 Veränderungen von Emotionen im Projektverlauf

Jedes Changemanagement erwächst aus der Einsicht eines notwendig gewordenen Wandels in einer Unternehmensstruktur und -kultur. Wenn auf eine solche Einsicht die Entscheidung folgt, Changemanagement durchzuführen, beginnt allzu oft auch dessen Scheitern. 50–70% aller Change-Bemühungen scheitern an der fehlenden positiven Einstellung oder Widerstand gegenüber dem Projekt.

Hinter dem Begriff „Widerstand" verbergen sich jedoch wichtige Faktoren, die es genauer zu definieren und zu beachten gilt, will man einen Wandelprozess tatsächlich zum erfolgreichen Ende bringen. Diese Faktoren sind, kurz gesagt, natürliche emotionale und somit auch motivationale Haltungen der Menschen gegenüber dem unbekannten und somit bedrohlichen Neuen. Jeder Mensch, der vor einem ihm unkontrollierbar erscheinenden Prozess steht, auf den ein im Grunde nicht zufriedenstellend beschreibbarer Zielzustand folgt, ist zunächst einmal besorgt:

- „Wie soll das gehen?“
- „Was kann nicht alles schief laufen?“
- „Auf was genau läuft das alles eigentlich hinaus?“
- „Bleibt mein Arbeitsplatz in dieser Form bestehen?“
- „Wem kann ich dabei vertrauen?“

Diese und weitere Fragen, die sich samt und sonders um die subjektive Hilflosigkeitsbewertung im Prozess des Wandels drehen – und damit um die eigene Kontrollunsicherheit – erinnern sehr stark an die kognitiven Inhalte der Angst (vgl. Punkt 1 in Abb. 18). Und genau damit haben wir es zu Beginn eines Change-Projektes auch zu tun: aus Ängsten mittlerer bis hoher Intensität ergibt sich meist eine Vermeidungsmotivation.

Verständlich, dass die „Bewahrer“ des Ist-Zustandes sich mit allerlei „guten Gründen“ versehen, um das, was sie haben und was ihnen bisher die notwendige Sicherheit gegeben hat, zu erhalten. Aber nicht alles, was besteht, ist gut und nicht alles, was wird, muss bedrohlich bleiben. Man sollte daher die „guten Gründe“ auf ihren Realitätsgehalt hin überprüfen, und die verbleibenden relevanten Gefahrensignale als solche ernst nehmen und für das Gelingen des Change-Prozesses nutzbar machen. Genau darin besteht auch eine Aufgabe des Change-Agents: Vorannahmen über die möglichen Gefahren im Change-Prozess zusammenzutragen und dabei sinnvolle sowie weniger sinnvolle Annahmen herauszufiltern.

Die Bekanntgabe, dass ein Change-Prozess realiter durchgeführt werden wird, bringt die bisherigen Befürchtungen ad hoc ans Tageslicht. Man erschrickt und ist fast gelähmt (vgl. Stufe 2 in Abb. 18), weil man nun mit dem Unabänderlichen konfrontiert ist. Hoffnungen und Ängste wechseln sich ab, ebenso, wie das Für und Wider der Gedanken. In diesem Zustand ist man emotional und motivational (noch) nicht fähig, sich auf Zukunftsvisionen einzulassen, weil man nicht erkennt, ob die folgenden Prozesse überhaupt zu bewältigen sind oder ob man auf der Strecke bleiben könnte. Einige, wenn nicht viele Mitarbeiter und Kollegen sind daher vermeidungsmotiviert und möchten nichts lieber, als den Prozess abbremsen.

Man wehrt verärgert ab (vgl. Stufe 3 in Abb. 18), wo man kann. Beispielsweise indem man die erforderlichen Prozessmaßnahmen als überzogen beschreibt und anprangert. Man wehrt aber auch dadurch ab, dass man mehr Leistung erbringt, um dem eben vorgebrachten Argument eine Basis zu verleihen. Im Grunde wird versucht, einen Zustand herbeizuführen, der keine Veränderungsnotwendigkeit mit sich bringt, daher auch die kurzzeitigen Produktionssteigerungen in diesem Zeitraum. Ärger ist eine motivierende negative Emotion, was in dieser Phase sehr klar zum Vorschein kommt. Und sie verleitet dazu, external zu denken, indem man die Schuld für die aktuelle Situation, die ja Veränderungen erforderlich macht, anderen zuweist und die Notwendigkeit für den Wandel in Bezug auf sich selbst nicht zu akzeptieren bereit ist.

Diese kurzzeitige Abwehr ist ein sehr sensibler Knotenpunkt für das Changemanagement. Es gilt hier, mit viel Geduld und Einfühlungsvermögen die Ängste, Ärgernisse und Abwehrmechanismen zu entwirren. Eine zentrale Haltung, die hier weiterführen kann, kommt aus dem Bercich der Konfliktklärung: „Was brauchen Sie, um (im Sinne der Neuorientierung des Unternehmens) weiterzumachen?“ Einerseits signalisiert der Change-Agent hierdurch klar und deutlich, dass die Richtung nicht geändert wird, andererseits signalisiert er Verständnis und die Bereitschaft, Ressourcen im Rahmen des Möglichen zur Verfügung zu stellen.

Daraus ergibt sich in mehr oder weniger schneller Folge eine rationale Einsicht in die Notwendigkeit und Unabwendbarkeit des Change-Prozesses (vgl. Stufe 4 in Abb. 18). Allerdings ist dies zu diesem Zeitpunkt lediglich eine halbherzige „Kopfsache“. Positive Emotionen, die mit der entsprechenden motivationalen Haltung einhergehen, werden in dieser Phase noch nicht entstehen. Es handelt sich hier eher um eine halbherzige „Na, wenn es denn gar nicht anders geht…“-Einstellung, die bestenfalls dazu führt, dass einigen verhältnismäßig unwichtigen Veränderungen stattgegeben wird, die dann nur zu mäßigem Erfolg führen können. Die eigentlichen Change-Maßnahmen jedoch werden noch nicht mit Überzeugung angegangen. Aus diesem Geschehen entstehen Frustrationen, da der erwartete Erfolg natürlich nicht weit trägt.

So entsteht langsam die leise Akzeptanz (vgl. Stufe 5, Abb. 18), dass es keinen anderen Ausweg gibt, als mit aller Kraft den Wandel anzustreben und damit die notwendigen Veränderungsmaßnahmen konsequent zu realisieren. Diese Erkenntnis besagt aber auch, dass die bisherige Sicherheitszone ein für alle Male verlassen werden muss. Ein innerer Abschied von der als sicher wahrgenommen Situation wird von Trauergefühlen begleitet. Trauer ist wiederum eine Emotion, die bei persönlich bedeutsamen Trennungen und Abschieden jeder Art eine wichtige Phase ist. Durch den Trauerprozess werden Menschen langsamer und in sich gekehrter. Und dies hat seinen Sinn darin, dass soviel Zeit wie nötig für eine Neuorientierung innerhalb der veränderten Lebenssituation genutzt werden kann.

Nicht allein die Einsicht in den notwendigen Abschied ist für einen erfolgreichen Neuanfang vonnöten – in sehr viel höherem Maße ist es der unbedingt zu akzeptierende und sensibel begleitete Trauerprozess, an dessen organischem Ende erst die Bereitschaft zur Neuorientierung steht.

Ist dieses „Tal der Tränen“ durchschritten, kann der Wandel im Sinne der eigentlichen Einführung der Change-Maßnahmen beginnen. Die Aufmerksamkeit richtet sich auf die Zukunft und es entsteht die dafür notwendige Basis: die Bereitschaft, getragen von immer intensiver werdenden positiven, aktivierenden Emotionen wie Hoffnung, Neugier, und Vorfreude (vgl. Stufe 6, Abb. 18). Die damit verbundenen Einstellungen spiegeln sich im auf Erfolg hoffenden Denkstil (vgl. Kap. 4.2.1) wider, der im Kern besagt: „Wir können es schaffen (internal, eher kontrollierbar)".

Die Motivation innerhalb eines Unternehmens, sich mit Visions-, Team-, Führungs- und die eigene Person betreffenden Fragen auseinander zu setzen, steht im Vordergrund. Erst jetzt kann strukturiert, geplant und umgesetzt werden, weil die emotionale Basis stimmt.

Aus dem bisher dargestellten Prozess ergibt sich auch die Antwort auf die Frage, warum 50–70% des Change-Managements gegen die Wand gefahren werden. Die Wand sind unsere Emotionen und die damit verbundenen Denkstile und Motivationen. Change-Management vom Reißbrett, das diesen Faktoren wenig bis keine Beachtung schenkt, verkennt das Faktum, dass Leistung auf Motivation basiert, Motivation wiederum auf Emotionen. Diesen all unserem Planen und Tun zugrunde liegende Zusammenhang übergehen zu wollen, spart natürlich in gewissem Sinne Zeit – man kann das Change-Projekt beenden, bevor es überhaupt begonnen hat.

Emotionen sind daher der wichtigste zu beachtende Faktor im Prozess des Wandels. Wenn im Change-Management von „heiligen Kühen", „Tabus", „Bewahrern des Althergebrachten", „Prozessbremsen" und so weiter gesprochen wird, so wird im Grunde genommen über negative deaktivierende Emotionen einzelner Menschen gesprochen. Dies bedeutet, dass die Stufe 6 schlichtweg noch nicht erreicht ist, und das wiederum beinhaltet die Aufforderung an die Change-Agents, diese Menschen im Unternehmen mit Verständnis und Empathie dort abzuholen, wo sie im emotionalen Prozess gerade stehen und ihnen die Informationen und Hilfen zuteil werden zu lassen, die diese brauchen, um im gesamten Wandel ihr Selbstvertrauen wieder zu finden und bewahren zu können.

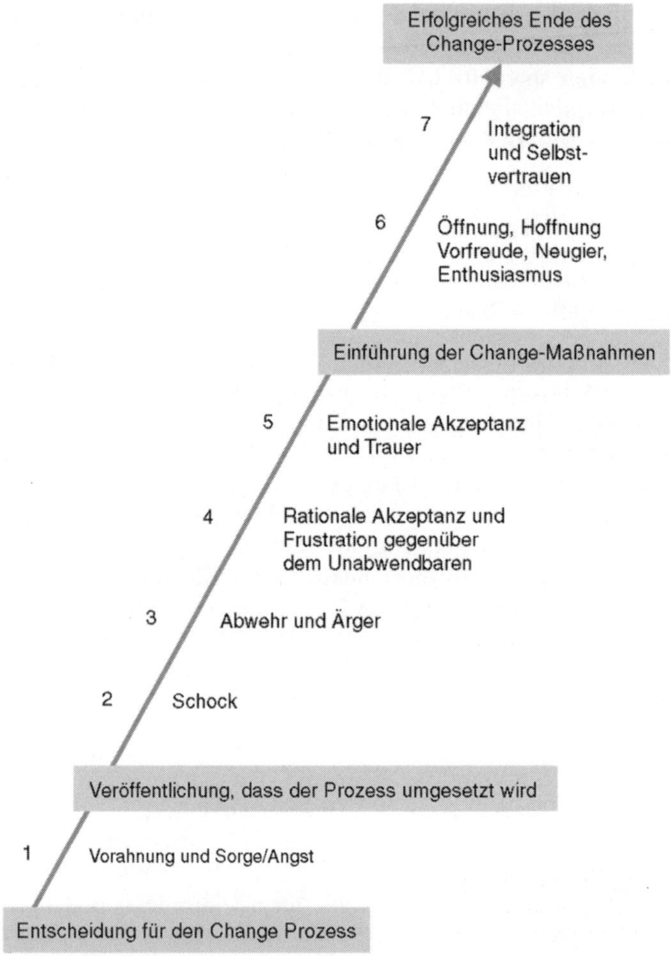

Abb. 18: Phasenmodell der Emotionen im Change-Prozess nach Roth (2000, S. 16)

Wenn dann in Stufe 6 der Enthusiasmus abgeklungen ist, die nötige Gelassenheit und ein positiv gestimmter Realitätssinn entwickelt worden sind, wird hoffend und mit Selbstvertrauen – die Grundlagen der Motivation und Effizienz schlechthin – Leistung erbracht und aus möglichen Rückschlägen gelernt: Lern- und Feedbackschleifen kommen und gehen, der Leistungslevel stabilisiert sich immer mehr und das Produktivitätsniveau steigt nun nicht mehr kurz- oder mittelfristig, sondern kontinuierlich und langfristig an.

Diese Lern-Leistungsprozesse und die damit verbundenen Erfahrungserweiterungen können schließlich auf weitere Unternehmensbereiche angewandt und somit generalisiert werden. Damit realisieren sich die Visionen und ihre entsprechenden Inhalte für jeden Unternehmenssektor und der Prozess des Wandels findet mit der Zeit seinen erfolgreichen Abschluss.

9.2 Implikationen des Wandels

Wenn ein Veränderungsprojekt erfolgreich abgeschlossen ist, steht das Unternehmen hoffentlich mit drei zentralen Fähigkeiten am Markt. Es hat gelernt:

1. zu Lernen,
2. Gelerntes offen und schnell nach innen (Vorgesetzte, Kollegen und Mitarbeiter) und außen (Kunden) zu kommunizieren,
3. schneller und effizienter auf sich ändernde Marktanforderungen zu reagieren oder diese gar vorwegzunehmen.

Ein weiteres Ergebnis des Changemanagements können Lernumwelten sein, wo Versuch und Irrtum als willkommene Informationsbasis bewertet werden und wo Ist-Soll-Vergleiche auch zu originellen Lösungsmöglichkeiten führen können. Diese Lernzirkel sollten mit dem Ende eines Change-Projektes nicht begraben werden. Sie sollten weiterhin als wertvolle Ressource im Unternehmen ihren festen Platz haben.

Dass diese Lernziele erreichbar sind, ist nicht die Frage. Der Weg dahin ist allerdings mit vielen und je nach Unternehmen anders lautenden Fragen nach Realisierungsmöglichkeiten verbunden, deren Antworten sorgfältig zu suchen sind. Denn es ist eine Sache, für den Wandel motiviert zu sein, aber es ist eine ganz andere Sache, diese Motivation auch durch den gesamten Lern- und Leistungsweg hindurch zu erhalten.

Wie die Emotionsverläufe im vorherigen Kapitel schon zeigen, fluktuiert auch die Motivation entsprechend. Emotion und Motivation hängen immer aufs engste zusammen. Werden negative Lern- und Leistungsemotionen nicht geklärt, so baut sich die Lern- Leistungsmotivation in der Umsetzungsphase des Veränderungsprozesses entsprechend ab. Dadurch wird der gesamte Changeprozess aufs höchste gefährdet.

9.3 Zusammenfassung

Veränderungsprozesse im Sinne von Changemanagement durchlaufen unterschiedliche Phasen, wobei jede dieser Phasen ihr eigenes emotionales Gepräge aufweist. Um Veränderungen im unternehmerischen Maßstab erfolgreich durchzuführen, bedarf es also der Beachtung dieser Emotionen im Prozessgeschehen. Lässt man diesen Aspekt unbeachtet, so unterstützt und lenkt man die mit Emotionen einhergehenden Motivationstendenzen nicht. Damit ist der gesamte Veränderungsprozess gefährdet.

Man kann von sieben emotionalen Phasen im Rahmen eines Changeprozesses ausgehen (vgl. Abb. 18), die eine Rolle spielen:

1. Vorahnung und Sorge/Angst,
2. Schock,
3. Abwehr und Ärger,
4. rationale Akzeptanz und Frustration gegenüber dem Unabwendbaren,
5. emotionale Akzeptanz und Trauer,

6. Öffnung, Hoffnung, Vorfreude, Neugier, Enthusiasmus,
7. Integration und Selbstvertrauen.

Ziel eines gelungenen Changemanagements ist vor allem die Einstellung eines Unternehmens zum Lernen und die damit einhergehende Erkenntnis, dass nur dadurch eine rasche und effiziente Reaktion auf sich ständig ändernde Marktanforderungen gewährleistet werden kann.

10. Resümee

In diesem Buch ging es darum, Emotionen im Managementprozess ihren Platz zuzuweisen, denn wir kommen nicht umhin, ihre Existenz und Triebkraft anzuerkennen. Immer, wenn wir versuchen, dies zu ignorieren, erhöhen wir unsere Fehlerrate schon allein dadurch, dass wir übertriebene Sachlichkeit an den Tag legen, die unser(e) Gegenüber irritiert. So entstehen Missverständnisse, Konflikte und Leistungsdefizite.

Die Bitte um Sachlichkeit in Gesprächen aller Art kann immer nur die Bitte um Echtheit, Aufmerksamkeit und Fairness im Miteinander bedeuten. Nicht aber, seine Gefühle als Kollege und Führungskraft völlig zu verbergen. Im Gegenteil – man empfindet sowieso, also kann es nur um die angemessene Wiedergabe eigener Emotionen im zwischenmenschlichen Miteinander gehen, um Missverständnisse zu vermeiden.

Emotionen sind aus vielerlei Perspektiven zu sehen:

- der zeitliche Verlauf jeder einzelnen Emotion,
- das Ineinandergreifen verschiedener Emotionen im zeitlichen Verlauf,
- Emotionen und Stress, Selbstkonzept, Denken, Motivieren, Leistung,
- Emotionsintensitäten und vieles mehr.

Ihre Existenz in Führungs- und Teamprozessen ist allgegenwärtig und sie werden hervorgerufen durch jedwede Art von Kommunikation und Interaktion. Wir transportieren bei jeder noch so sachlich gemeinten Äußerung einen erheblichen Anteil von unserer Stimmung mit. Und wir rufen in jedem Falle eine Gefühlsreaktion in anderen Menschen hervor. Wenn wir also führen, so führen wir unsere Mitarbeiter und Kollegen immer auch in andere emotionale Gebiete. Was das für Führungsfragen und andere unternehmensspezifische Bereiche implizieren könnte, wurde hier beleuchtet.

Hoffnung und Angst, die die Schwerpunkte in diesem Buch darstellen, haben ein ganz besonderes Verhältnis zueinander:

Sie sind weder im zeitlichen Verlauf aufeinander zu beziehen, noch sind sie Mitglieder ein und derselben Emotionsfamilie. Aber sie sind zwei Endpunkte auf einem Kontinuum, wobei echte Hoffnung den erstrebenswerten Pol darstellt und starke Angst den weniger erstrebenswerten.

Darüber hinaus haben Hoffnung und Angst etwas gemeinsam: beide beinhalten Kontrollunsicherheit. Hoffnung im positiven Sinne („Ich könnte es vielleicht schaffen“) und Angst im negativen Sinne („Vielleicht schaffe ich es nicht“).

Hoffnung ist eher als eine Einstellung gegenüber zukünftigen Erfolgen und Misserfolgen zu verstehen und Angst als eine Emotion, bezogen auf zukünftige Misserfolge beim Meistern bedrohlicher Situationen.

Die Zusammenhänge zwischen Emotionen und Denken, Motivation, Leistung sind komplex. Angst wirkt nicht einfach nur negativ und Hoffnung hat nicht nur positive Seiten. Wir sollten daher genau wissen, ab wann Angst tatsächlich leistungsmindernd wirkt und welchen Nutzen sie eigentlich für uns hat. Wir sollten auch wissen, wodurch Hoffnung uns gelegentlich zu schlechteren Leistungen verführt.

Aber vor allem eines sollte bis hierher klar geworden sein: Zwischenmenschlich angemessene – und damit effektive – Zusammenarbeit und Führung beruht in der Hauptsache auf „weichen“ Faktoren. Ihre Eigenschaft, weich zu sein, bedeutet für mich vor allem, dass sie zunächst schwer fassbar erscheinen. Wenn wir uns jedoch die Mühe machen, einzelne, uns wichtig erscheinende Faktoren – in diesem Falle Emotionen – zu beschreiben und inhaltlich zu klären, sind wir einen großen Schritt weiter.

Im wissenschaftlichen Sektor ist man seit über vierzig Jahren kräftig dabei, Emotionen zu beschreiben, zu klären und sogar zu messen. Sie gelten dort als knallharte zentrale Faktoren menschlichen Verhaltens. Das damit verbundene Wissen galt es hier für die wichtigsten unternehmensspezifischen Bereiche nutzbar zu machen.

11. Literaturverzeichnis

Aigner, T. (2001)	Rechtsschutz gegen Mobbing verstärkt. In: Betriebs-Berater 2001, 1354–1356.
Arnold, M. B. (1960)	Emotion and personality. New York.
Berkel, K. (1999)	Konflikttraining. Heidelberg.
Brinkmann, R. D. (1995)	Mobbing, Bullying, Bossing. Treibjagd am Arbeitsplatz. Heidelberg.
Carlson, J. G./ Hatfield, E. (1992)	Psychology of emotion. New York.
Christianson, S. A./ Loftus, E. F. (1991)	Remembering emotional Events: The Fate of detailed Information. In: Cognition and Emotion, 5, 81–108.
Damasio, R. A. (2000)	Descartes' Irrtum. Fühlen, Denken und das menschliche Gehirn. München.
Dietz, S. (1998)	Emotionen in Veranstaltungs- und Lernsituationen des Hochschulstudiums. Inauguraldissertation. Frankfurt.
Doppler, K./ Lauterburg, C. (1994)	Change Management. Den Unternehmenswandel gestalten. Frankfurt.
Dufault, K./ Martocchio, B. (1985)	Hope: Its Spheres and Dimensions. In: Nursing Clinics of North America, 20 (2), 379–391.
Epstein, S. (1979)	Entwurf einer integrativen Persönlichkeitstheorie. in: S.-H. Phillip (Hg.): Selbstkonzeptforschung. S. 14 bis 45. Stuttgart: Klett-Cotta.
Euler, H. A./ Mandl, H. (1983)	Emotionspsychologie. Ein Handbuch in Schlüsselbegriffen. München.
Glasl, F. (1999)	Konfliktmanagement. Stuttgart.

Goleman, D. (1997) Emotionale Intelligenz. dtv. München.

Goleman, D. (1999) Der Erfolgsquotient. Carl Hanser Verlag. München, Wien.

Hersey, P./ Blanchard, K. H. (1977) Management and Organizational Behavior. 3. Aufl. Englewood Cliffs, N. J.

Izard, C. E. (1981) Die Emotionen des Menschen. Weinheim.

James, W. (1890) The Principles of Psychology. New York.

Jevne, R. F. (1991) It all begins with Hope. Patients, Caregivers and bereaved speak out. San Diego.

Johnson-Laird, P. N./ Shafir, E. (1993) The Interaction between Reasoning and Decision-making: an Introduction. In: Cognition, 49.

Kairies, K. (2001) Stressbewältigung durch Kreativität. Heidelberg.

Kleinginna, P. R./ Kleinginna, A. M. (1981) A categorized list of Emotion Definition, with suggestions of Emotion Definition. In: Motivation and Emotion, 5, 345–379.

Korner, J. N. (1970) Hope as a Method of Coping. In: Journal of Consulting and Clinical Psychology, 34 (2), 134–139.

Krohne, H. W. (1980) Prüfungsangst: Defensive Motivation in selbstwertrelevanten Situationen. In: Unterrichtswissenschaft, 8, 1, 226–241.

Lange, C. (1885) Die Gemütsbewegungen. Würzburg.

Lazarus, R. S. (1991) Progress on a Cognitive-Motivational-Relational Theory of Emotion. In: American Psychologist, 46, 8, 819–834.

Lazarus, R. S. (1993) From Psychological stress to the emotions: A history of changing outlooks. In: Annual review of psychology, 44, 1–21.

Liebert, R. M./ Morris, L. W. (1967) Cognitive and emotional Components of Test Anxiety: A distinction and some initial data. In: Psychological reports, 20, 975–978.

Linke, D. (1999) Das Gehirn. München.

Mayring, P. (1992) Erfassung von Emotionen. In: Ulich, D./Mayring, P.: Psychologie der Emotionen. Stuttgart.

Meyer, W. U. (1984) Das Konzept von der eigenen Begabung. In: Psychologische Rundschau, 35, 3, 136–150.

Nitsch, J. R. (Hg.) (1981) Stress. Theorien, Untersuchungen, Maßnahmen. Bern, Stuttgart, Wien.

Panse, W./ Stegmann, W. (1996) Kostenfaktor Angst. Landsberg/Lech.

Pekrun, R. (1984) An Expectancy-Value Model of Enxiety. In: Advances in Test Anxiety Research, 3, Lisse/Hillsdale, 63–72.

Pekrun, R. (1992) The Impact of Emotions on Learning and Achievement: Towards a Model of cognitive/motivational Mediators. In: Applied Psychology: An international Review, 41, 359–376.

Pekrun, R./Frese, M. (1992)	Emotions in Work and Achievement. In: International Review of industrial and organizational Psychology, 7, Wiley&Sons Ltd.
Pekrun, R./ Schiefele, U. (1996)	Emotions- und Motivationspsychologische Bedingungen der Lernleistung. In: Enzyklopädie der Psychologie, 213–258.
Pekrun, R. (2000)	Hilft Angst beim Lernen? Leistungsemotionen in Schule und Studium. In: Blick in die Wissenschaft. Forschungsmagazin der Universität Regensburg, 12, 56–66.
Peurifoy, R. Z. (1993)	Angst, Panik und Phobien: Ein Selbsthilfe-Programm. Göttingen, Bern, Toronto, Seattle.
Prenzel, M. (1996)	Bedingungen für selbstbestimmt motiviertes und interessiertes Lernen im Studium. In: Lompscher, J. und Mandl, H.: Lehr- und Lernprobleme im Studium: Bedingungen und Veränderungsmöglichkeiten im Studium. Bern, Göttingen, Toronto, Seattle.
Prystav, G. (1985)	Der Einfluss der Vorhersagbarkeit von Stressereignissen auf die Angstbewältigung in Leistungssituationen. In: Krohne, H. W. (Hg): Angstbewältigung in Leistungssituationen. Weinheim, 14–44.
Rost, D. H./Haferkamp, W. (1979)	Schulangst. Konzept, Auswirkungen, Diagnose, Modifikation. Erziehungswiss. Fakultät der Universität Erlangen-Nürnberg.

Roth, S. (2000)	Emotionen im Visier: neue Wege des Change Managements. In: Organisationsentwicklung, 2.
Schachter, S./ Singer, J. E. (1962)	Cognitive, social and physiological Determinants of emotional State. In: Psychological review, 69, 379–399.
Schmidt-Atzert, L. (1996)	Lehrbuch der Emotionspsychologie. Stuttgart.
Schulz von Thun, F. (1999)	Miteinander reden, 1. Störungen und Klärungen. Reinbek.
Schwarzer, R. (1987)	Stress, Angst und Hilflosigkeit: Die Bedeutung von Kognitionen und Emotionen bei der Regulation von Belastungssituationen. München.
Seligman, M. E. P. (1986)	Erlernte Hilflosigkeit. Psychologie, Verlags-Union, München.
Selye, H. (1976)	Stress in health and disease. Boston.
Senge, P. M. (1999)	Die fünfte Disziplin. Stuttgart.
Senge, P. M. (2000)	The Dance of Change. Die 10 Herausforderungen tiefgreifender Veränderungen in Organisationen. Wien.
Sörensen, M. (1994)	Einführung in die Angstpsychologie. Weinheim.
Tausch, R. (1996)	Hilfen bei Stress und Belastung. Reinbek.
Thomann, C. (2000)	Klärungshilfe: Konflikte im Beruf. Reinbek.
Ulich, D. (1989)	Das Gefühl. München.
Wenger, M. A./Jones, F. N./Jones, M. H. (1962)	Emotional Behavior. In: Emotion: Bodily Change. Princeton.
Zuschlag, B. (1997)	Mobbing: Schikane am Arbeitsplatz. Göttingen.

12. Sachregister